文芸社セレクション

遺稿

満洲引き揚げの小記録

荒島　千香子

JN035566

文芸社

目次

	(日本語読み)	(中国語読み)
1 克山	こくざん	コーシャン
2 拝泉	はいせん	バイチュエン
3 肇東	ちょうとう	ヂャオドン
4 哈爾濱	はるびん	ハーアルビン
5 新恵	しんけい	シンフイ
6 新京（長春）	しんきょう（ちょうしゅん）	シンキン（チャンチュン）
7 安東	あんとう	アントン
8 宣川	せんせん	ソンチョン（朝鮮読み）
9 葫蘆島	ころとう	フールーダオ
10 大石橋	だいせききょう	ダーシーチャオ
11 斉斉哈爾	ちちはる	チチハル
12 奉天（瀋陽）	ほうてん（しんよう）	フォンティエン（シェンヤン）
13 大連	だいれん	ターリェン

1～6
家族の居住地

7
無蓋列車に乗せられ通った朝鮮国境近くの中国の街

8
無蓋列車から降ろされ捕虜として暮らした朝鮮の街

9
引き揚げ船　乗船の地

10
母の結婚前の勤務地

11～13
父母が度々訪れていた街

満洲国地図

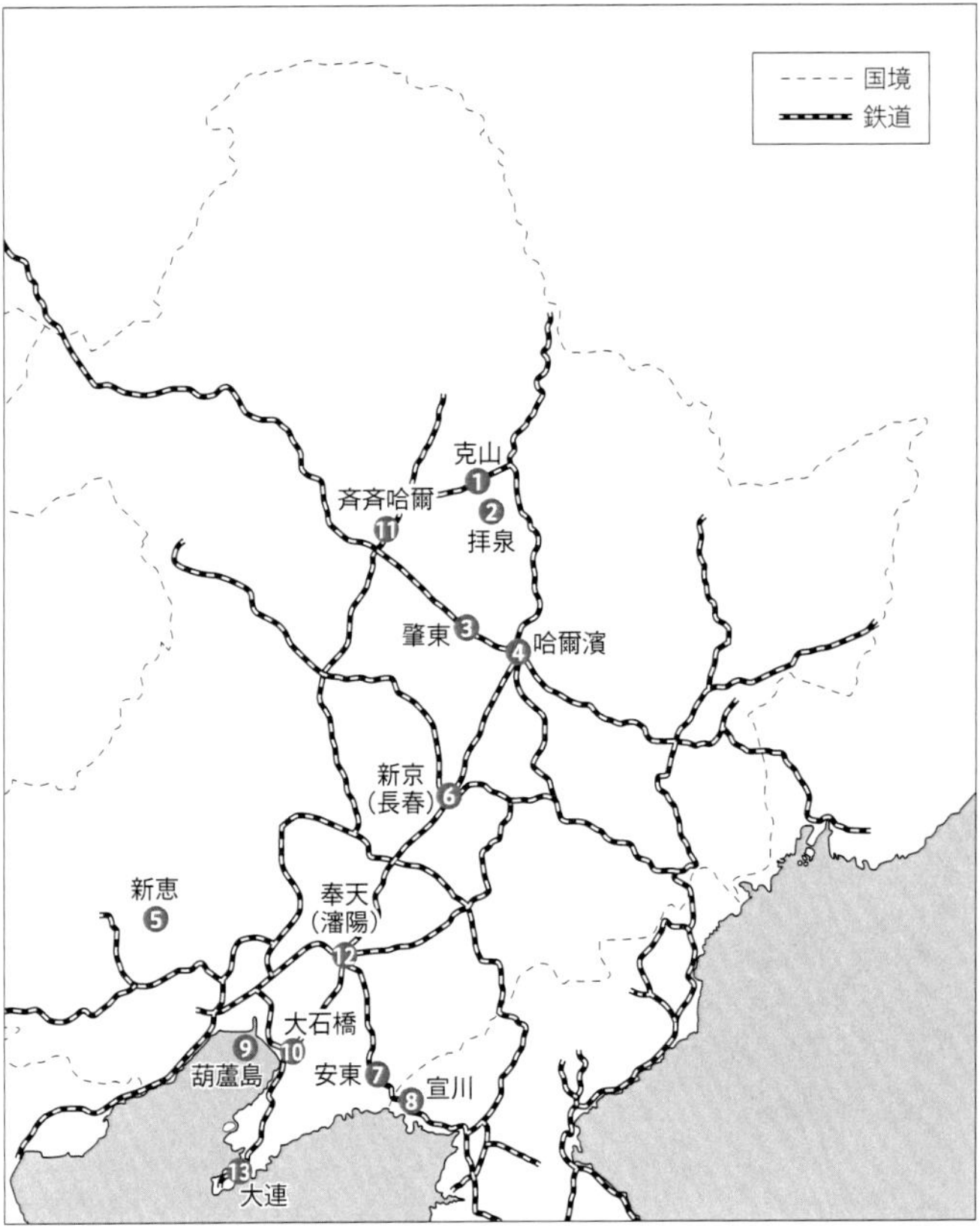

国境
鉄道
克山
1
2
拝泉
斉斉哈爾
11
肇東
3
4
哈爾濱
新京
(長春)
6
新恵
5
奉天
(瀋陽)
12
大石橋
9
10
葫蘆島
安東
7
8
宣川
13
大連

遺稿　満洲引き揚げの小記録

一　櫛形石灰の時代

私は七十二歳から七十三歳の頃に、今までひた走りに走ってきたこの人生ってなんだろう、と気になりはじめた。

私はどこから来てどこへ行くのか？　今の私には、特筆すべきどこからということもどこへということもないなぁと思われた。ただ生物として生まれ、成長し、死んでいくだけのことか……と考えていくうちに何か気持ちが殺伐としてきた。そのたびに、こんな殺伐とした気持ちの持ちようになる考え方をしてはいけないと考え直し、今まで経験した事を思い返して、それをどのように対処してきたかなどを思い出していくことにした。

すると、私の人生の行程の中からすっぽり抜け落ちて、私や私の家族がどのように生活していたのか、全くイメージできない時代があることに気づいた。私の記憶に微かに残っている事でも、それは「いつ」なのか、「どこで」なのか、「どうしてそこにいたのか」全くわからないでいるのである。単に幼い時のことだから覚えてなくて当然だよという感じではない。自分の姿が想像できず、思い出が宙に浮いている感じである。イメージの湧く源泉（はっきりした情報）が失われ、イメージできないでいるのだ。

こういう状態がなぜ起こっているかといえば、まず私は基本的な親族関係について知らずにいた。

例えば幼い頃、浜辺で波の動くままに身体をゆらゆらとゆだねていた記憶がある。そこは母の実家のある香川県三豊郡の詫間であり、そこに一時的に住んでいたこと、私たち母子をとてもよく世話してくれた母の異母兄、テッさんが居られたことも知らないでいた。

私は今まで母は東京生まれなので、東京に実家があると思っており、テッさんの存在について今回調べてはじめて知った。そういうわけで、私にはイメージの湧く源泉（はっきりした情報）が無かったので、イメージすること自体無理だったと言える。

しかし一方、私は断片的に色々なことを聞いている。
（一）終戦直後に捕虜になったこと。
（二）私は栄養失調になり、お尻が三角になるほど痩せたため収容所の団の中で一番早く死亡するだろう、と言われていたこと。
（三）収容所では赤痢が蔓延し、次々に人が死んでいったこと。
（四）収容所では子どもたちは金網の外に出て遊べたこと。
（五）ある日、丘に遊びに出た兄たちが丘の上の教会の朝鮮人の牧師夫人と知り合い、私は朝鮮人の牧師夫人に金網越しに山羊の乳を運んで貰えることになったこと。

（六）収容所から逃げて列車を乗り換える時、母が倒れた。母は「もうこれまで」と覚悟し、着けていた水晶のネックレスの玉を引きちぎり、「きょうだいの証」として九歳、八歳、三歳、一歳の幼な子の手に握らせたこと。

（七）母が倒れ、その周りで泣いてしょんぼりしている幼い子どもたちに「これをお母さんに」と通り掛かりの医者が角砂糖をくれた。それを食べ、母は立ち上がり逃げ続けられたこと。

（八）宝石を襟に縫いつけ隠し持って、兵士に銃殺された人もいたこと。

（九）赤ちゃんを連れて逃げるのが限界で、赤ちゃんを置いていかざるを得ない人もいたこと。

（十）父が収容所に私たちを救出にきてくれたこと。その時、急に空が明るくなったこと。

などなど聞いていたが、その事が「いつ」なのか「どこで」なのか「どういう状況の下」なのか、事と事の間に「どういうつながり」があるのか、私には全くわからなかった。そのため聞いた事が宙に浮き実態がつかめないでいたのだ。

また聞いた事ばかりでなく、私の身体の感覚が覚えている事も多々ある。例えば、浜辺の波打ち際に座って、ゆらゆらと波に身を任せていた揺れの感覚。また、私は二歳上の兄に手を繋いでもらって保育園に向かい、保育園の入り口近くの橋で、いつも保育園に行くのを嫌がった。その際、兄はいつも私の手をそっとほどきバイバイをした、その時の兄の手の感覚。また、教師だった母の授業が終わるのを、母の教室の前の廊下に座って待っていた時の緩やかな風の感覚。

しかし、私はその感覚を「いつ」「どこで」体験したものなのか、わからなかった。「いつ」「どこで」がわからないので、自分がどういう状況の下で暮らしていたのかイメージできないでいるのだ。

あたかも、私の一生を一つの丸い果実だとすると、その八分の一くらいが櫛形に切り取られ、その部分が、石灰で白く固められている、その石灰部分の櫛形が私のイメージできない時代を表しているように私には思える。だったら、その石灰部分を砕いて事実を明らかにし、果実そのものの実で埋めたいものだ。

どのようにして事実を明らかにすることができるだろうか。一般的な方法としては、この間の事情を知っている人にその状況を聞いたり、あるいは一緒に行動を共にした人にどういう状態だったかを聞くのが手っ取り早く、すぐ質問ができることで情報がより正確に得られるかも知れない。

だが、自らイメージできない時代がある事に気づき、これに意識を持って取り組むのが遅すぎた。つまり、その間の事情を知っているというか、その当事者であった家族たちは姉を除いて、すでにみんなもういない。遠いも近いも親族とは自然に疎遠になっているし、相手の方も相当歳をとられたので、このコロナ禍の下、このイメージできない時代に関することを尋ねて歩くのは難しい。

思えば、私たち家族は家庭内でこういう事をじっくり話し合ったことはなかった。それで、日本にいつ帰って来たのか、どういう状態で、どういう経路で引き揚げ、引き揚げ後はどこでどのように暮らしていたのか、私は全然知らないのであった。

私のこの考察は、年老いて身体も思うように動かせなくなっていく自分を日々感じながら、「私はどこから来てどこへ行くのか」という単純な疑問を持った事から始まった。どこからといえば、私の父母、及びその祖先からということであり、どこへといえば私の子どもたちや孫たちへということだろう。こんな当たり前のことが、私には当たり前にならないのはどうしてか。それはたぶん私自身の中でどこからという点について、はっきりした自覚的主張がないからであろう。

では、どうして私ははっきり主張できないでいるのか。考えてみると、私たち家族には、例えばどこからを体現するような法事での集まりといったような親戚同士の交流がほとんどなかった。その理由として、一つには父は十一人兄弟の下から二番目、母は五人兄弟の末っ子で、各々が自分の親兄弟と共にいる時間が短くならざるを得なかったし、さらには二人とも外地に長くいたので、それぞれ自分の親族と交流しにくかったから、と思われる。私自身も父方の祖父母、母方の祖父母ともに交流する機会はなかった。

父方の祖父、石田一《はじめ》は一九二七年に、祖母、石田信《のぶ》は一九五二年に、母方の祖父、今井實三郎は一九三三年に、祖母、今井華《はな》は一九四二年に亡くなっている。みんな、私の生まれる前か私の石灰時代に亡くなっているのだ。

二つには父の再婚がある。

私の母は敗戦から二十三年経った一九六八年に、心筋梗塞で他界した。私、二十四歳の時のことである。母の死は、私には青天の霹靂のような出来事であった。家族にとっても大変なことで、家族の結束が一気に揺らいだ。兄弟姉妹、義姉がそれぞれの思惑で発言行動し、父の再婚話を推し進めていった。そして父は一九七〇年に再婚した。その後、それまで恒例であった一族での集まりは少しの間は続いたが、自然に無くなってしまった。また、頻繁だった母方の兄弟との交流もいつの間にか途絶えた。

以上は私にとっては状況的な原因だが、それに加えて私の内面的なものに帰する理由もある。私はある程度成長してからも父母からの話を聞こうとしなかった。父は一九三一年から一九三九年まで、満洲で参事官をしていたのだが、父がどういう仕事をしたのかなど知ろうともせず、単純に極めて一般的に権力の側に立っていたのではないかとの思いから忌み嫌い、父から遠のいていた。また、母が何か話そうとしても、それを聞いたとて、現在の自分の置かれている貧困の状況が改善されるわけでもない、という思いが強かったように思う。そして、貧困から来るコンプレックスを消し去ることもできないと、早呑み込みをして不機嫌に対応し、母の貴重な話を聞き逃してしまった。そして今、基本的な情報の欠如のために、自分自身や家族がどのように生活していたか、具体的にイメージできないでいるのである。以上のように外面的、内面的理由により、私は基本的な情報を持てず、自身の歩んで来た過程を知らないでいた。

私がイメージできないでいる時代というのは、私が〇歳〜九歳の頃のことである。西暦年では一九四四年四月〜一九五三年頃に当たる。その間、私は一九四五年八月十五日、一歳四ケ月の時、疎開先の朝鮮の宣川で敗戦を聞いた。そして一九四六年八月、二歳四ケ月の時、満洲から日本へ引き揚げてきたという。

そんな中、世の中は戦後の混乱期を経て、朝鮮戦争がもたらした神武景気に沸き、大人たちはガムシャラに働いた。私の両親も、世の中の景気には直接左右されない職種ではあるが働きに働いた、と思う。そして一九五三年、私が小学三年の時、両親は山の麓に六坪ほどの小さな小さな家を建てた。私たち家族は戦後八年、「引き揚げ」からは七年経って、やっと皆で落ち着ける場所を得たのであった。

さて、私の果物型人生の、自らをイメージできない時代、即ち八分の一程の石灰で固められた櫛形部分の時代をどのように暮らしていたか、それを何とか明らかにできないものか。私は、何の見通しも無かったが、思い立って、何か手がかりになるものは見つからないかと実家の古い写真などのしまってある地袋を探した。

するとそこで、母の手帳数冊と何やら見覚えのあるコピーの束を見つけた。その束は母がノートに書いた俳句のコピーが数枚と母が二十枚の原稿用紙に書いた文章のコピーであった。つまり、それは母の遺稿の原本のコピーである。何やら見覚えがあるのは、今から五十年ほど前の一九七〇年代（母は一九六八年に他界）に、やはり何かの用事で、実家で探し物をしたときに、私は母の遺稿の原本を見つけ、私はその最初の一、二枚を読み、パラパラと見て母の書いたものと確認し、それを私がコピーしたものだからだ。

当時は親族関係がややこしくなっていたこと、私が忙しく暮らしていたこともあって、その遺稿が紛失するような憂き目にあっても、遺稿そのものの内容が消え失せないようにと考え、その時その母の遺稿をコピーしておいたのであった。しかし残念な事に、その時私は、その遺稿をノートに書かれた俳句同様、重要なものと捉えなかった。それで、遺稿を最後のページまで読まずにいた。そしてその後も、遺稿を読む機会を持てなかった。

今回、私は私の石灰で固められた櫛形の時代を調べるにあたり、実家の地袋から発見した原稿用紙二十枚に及ぶ母の遺稿（原本のコピー）を取り出し、今から五十年程前の前回と違って、その場でそれを最後まで一気に読んだ。

……驚愕した。母が……「こんな目に遭っていたなんて」……。

母の遺稿には捕虜生活のことが綴ってあった。初めに捕虜生活を強いられていることの苦痛、それに対する心情を綴り、次に捕虜生活から離れて、若かりし頃の楽しかった学校生活の思い出を記し、続いて、捕虜生活における異常な日常の記録（実録）が記され、最後に、各団から出すよう命じられているソ連軍将校相手の接待婦に誰がなるかについて、皆で話し合う場面の状況が比較的詳しく書かれていた。

私が驚愕したのは、最後の部分だ。母が接待婦にされるかされないかの瀬戸際に立たされた、という事実があったということであった。そしてその結果について、母が被害者になったのかどうか判らない。それを判断する情報として、

（一）多くの場合、若い人が犠牲になるのだが、母は若くない。

（二）その話し合いの場面を著す辺りから字が乱れ、原稿用紙の欄外に字がはみ出している。

（三）母はそんな言葉を使わない人なのに、生涯に一回だけ、ヘイトを
　一語、呟くのを聞いたことがある。

　この（一）（二）（三）の情報では本当の事は判らない。五分五分とい
うところだろうか。とはいうものの、私は母が被害者になっていないと
思いたい。いや、思う。そうでないと私は気が狂いそうだ。
　私はこの遺稿に接して、自分にとっての日中戦争、太平洋戦争とは何
だったかについて考え、明らかにしたいとの思いが強くなった。それら
の戦争について、本当に知らないし、あまり知ろうともしてこなかった
事に慙愧の念に堪えないのである。私と同年代の人たちも似たりよった
りではないかと思うが、私たちは十代の頃、私たちの身近な戦争より、
ナチスとかアンネの日記とか、ヨーロッパでの戦争の方が、巷では多く
話題にされていた。そんな影響もあって、私たちの興味もヨーロッパで
の戦争の方に強く向かったように思う。
　それはそれとして、母は遺稿の中で、接待婦に関して他団体の引率者

から言い渡されたこととしてとして「自分達は建大を日本人としてとりあつかわない。今後食料其他一切の購入も禁止されるだろう。餓死するがよい……」と記されているところに目がとまった。このように承諾しない団体には、個人ではなく、その団体に食料を配給しないなど、グループの全体責任にし、個人の尊厳に関わる犯罪である性暴力を集団への制裁をチラつかせてまで強行しようとする組織の実態は何なのかが気になる。以上、この戦争は私にとって何だったのかを考える作業と、石灰で固められた櫛形部分を石灰を砕いて果実の実で埋める作業（イメージできなかった時代をイメージできるようにする）は重なるところが多々あると思う。どちらの作業にも取り組み、私の問題意識を明らかにできたらと思う。

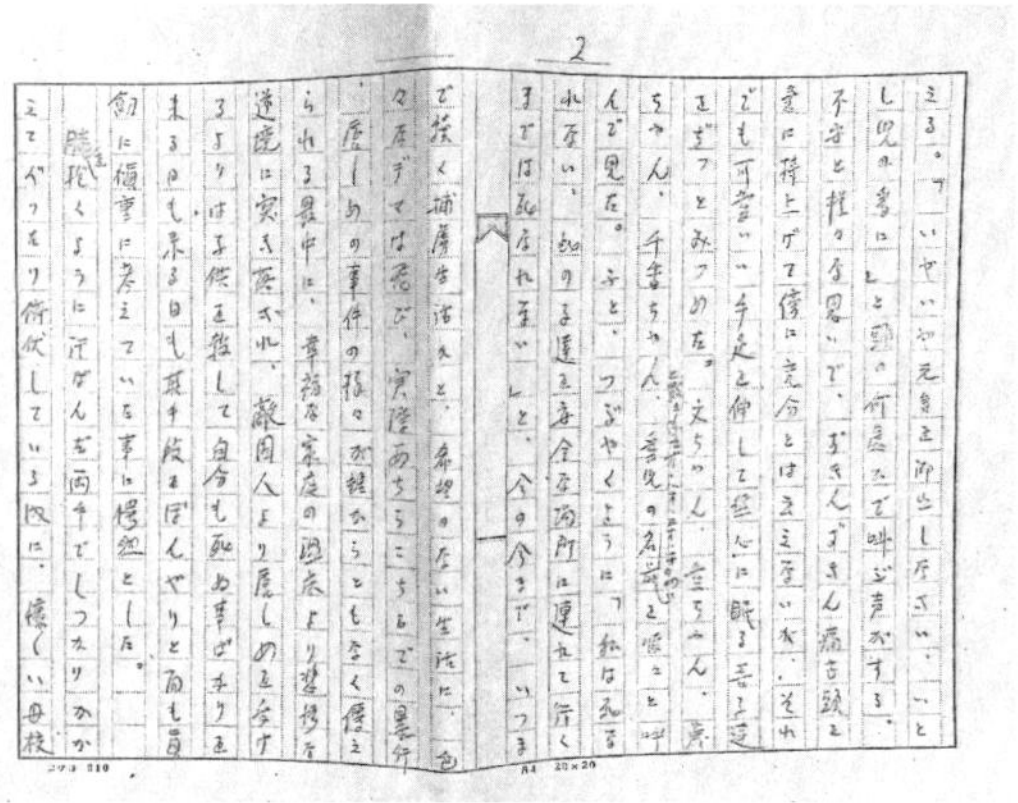

遺稿　始まりは整った字体で書かれている

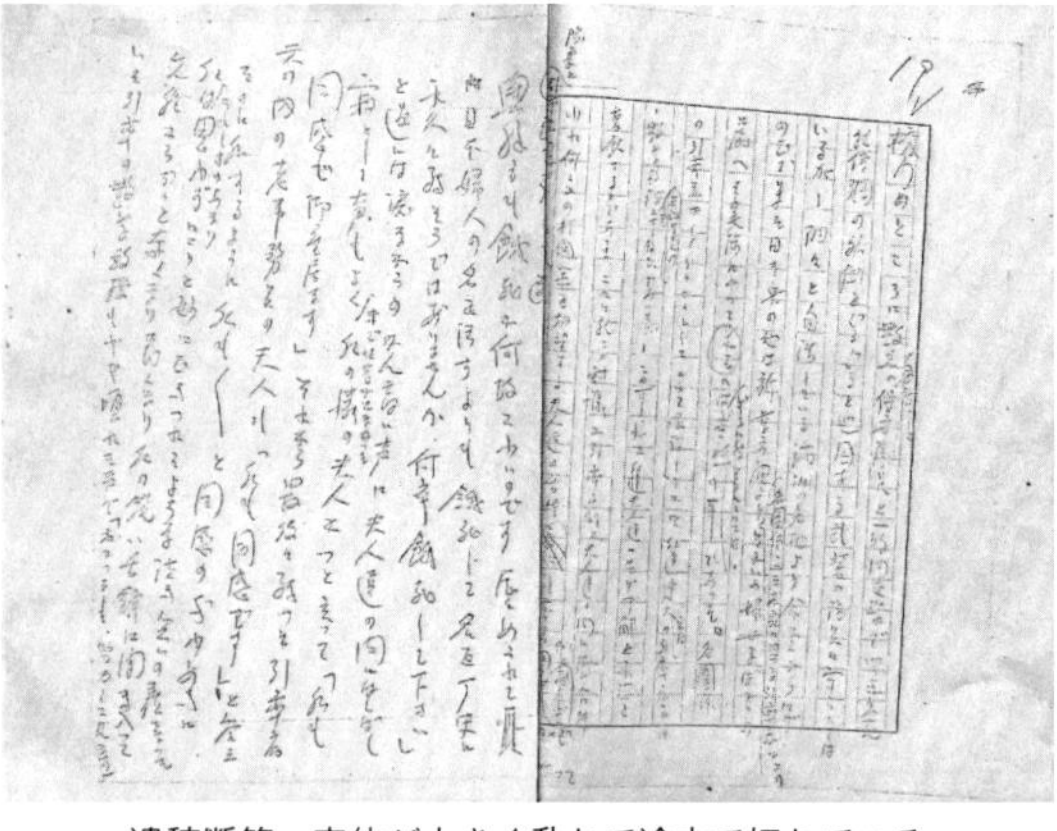

遺稿断筆　字体が大きく乱れて途中で切れている

二　資料から自分を探す

私は何か手がかりはないものかと図書館へ通い始めた。私の生まれた満洲は地理的に、歴史的に、社会的に、政治的にどんな状況であったのか。私は『キメラ―満洲国の肖像』、『実録・満州国県参事官―大アジア主義実践の使徒』等マイナーなものも含めて満洲に関する著作物に目を通した。井上卓弥著のドキュメント『満洲難民―北朝鮮・三八度線に阻まれた命』や地図など実際の資料と断片的に聞いたことを照らし合わせ、物語を紡いでいった。そして私はどんなところで遊び、暮らしていたのか。藤原てい著『流れる星は生きている』、『旅路』、『果てしなき流れのなかに』、三木卓著『裸足と貝殻』、『ほろびた国の旅』、澤地久枝著『もうひとつの満洲』、五木寛之著『人生の目的』、今井彰著『光の人』や他の作品群の中に身を置き体験的に捉えようとした。この過程では、

「ていさんや　満洲で暮らし　引き揚げた　人々の手記に　自分をさがす」

という心境で、楽しい時間でもあった。

ところで何でもそうだが、一つの事を調べると、その中でまた調べたいことが出てきて、調べたいことがどんどん広がり深まってもいくものだが、この時の私がまさにそうだった。自分の状態がある程度見えてくると、自分の立っているところが気になる。私は歴史のコーナーに足を運んだ。日中戦争、太平洋戦争について調べると、日清戦争・朝鮮近現代史も調べずにはおれない。さらに幕末期における日本と朝鮮の関係も学ばずにはおれない。この過程で、私は自分の歴史認識が、事実認識の曖昧さと上から目線の歴史認識によっていたことに気づき、愕き認識を新たにした。日本国は富国強兵・殖産興業政策のもと、近隣の人々を暴

力的に収奪することにより、日本国の繁栄を獲得していた。その際の収奪の中身は、土地、米、労働、性などであった。このような暴力的、欺瞞的収奪を正当なこととして受け入れてきた歴史認識を問い直さねばと思った。そして近隣の人々が果たしてきた役割に想いを致す学びをしたいものだと。

そんな風に図書館通いをしている時、二〇一九年十月のこと、二〇一一年十月に他界した父の遺品を保管していた義母より、それらを引き取って欲しいとの申し出があった。写真・著書・日記などダンボール箱五～六箱分くらいあった。

その中に、父が手許に持っておきたかったのであろう、なんと、母のものもあった。それらは、終戦直後に使っていたものを含むメモ帳代わりの母の手帳数冊・母自身の教員免許状・母が書いた自身の履歴書・任命状・引き揚げ時の書類（残留日本人のために使ってもらう財産引渡書・乗船証明書・到着港の証明書など）・一九五五年に申請した引き揚げ給付金に関する書類・母の昔の戸籍謄本などだった。このような父が保管していた母の遺品は、私の石灰で固められたような櫛形の時代を明らかにするのに非常に参考になった。

当時の書類（乗船証明書・到着港の証明書）から一九四六年八月五日、アメリカの貨物船・VO68ウイリアムマットソン号に乗船、中国コロ島を出港し、同年八月十二日、日本の博多港に上陸したと判明した。また、母の履歴書・任命状から、私たちがその期間にどこで暮らしていたかを知ることができた。母の勤務地が即ち、私たち子どもの生活の場所であるからだ。それらを参考にして考えると、一九四六年八月十二日に引き揚げてから、翌年三月までは、

「引き揚げて　ふるさとなくて　転々と　転校ばかり　仮り住まいかな」

といった風で、父の兄、父の弟、母の姉の家を、大阪、東京、京都と次々に移動して暮らさせてもらったようだ。

一九四七年四月から一九四九年三月までは香川県三豊郡詫間の漁師さんの離れを借りて生活した。母が詫間中学校で教鞭を取ることになったからであった。私の父が保管していた母の戸籍謄本から、母の実家は三豊にあることもわかった。そういったわけで、父母は引き揚げ後のとりあえずの住まいとして、母の実家に近い三豊郡詫間を選んだようだ。

一方、父は京都大学研究生となり、京都に留まった。一九四九年四月から母が京都の立命館中学校で講師を務めることになり、京都の引揚者寮「追分寮」七畳半で、一家六人が暮らした。一九五一年四月から母は京都岩倉の同志社高等学校に勤めることとなったが、住まいは同じく「追分寮」であった。一九五三年、山の麓に父母は六坪ほどの小さな小さな家を建て、私たち一家は戦後八年目にして、安心して暮らせる場所を得たのであった。

母が女学校卒業時に得た教員免許状とは別に、母がさらに高い級を目指して勉強して得たと思われる教員免許状がある。私は母が勉強してい

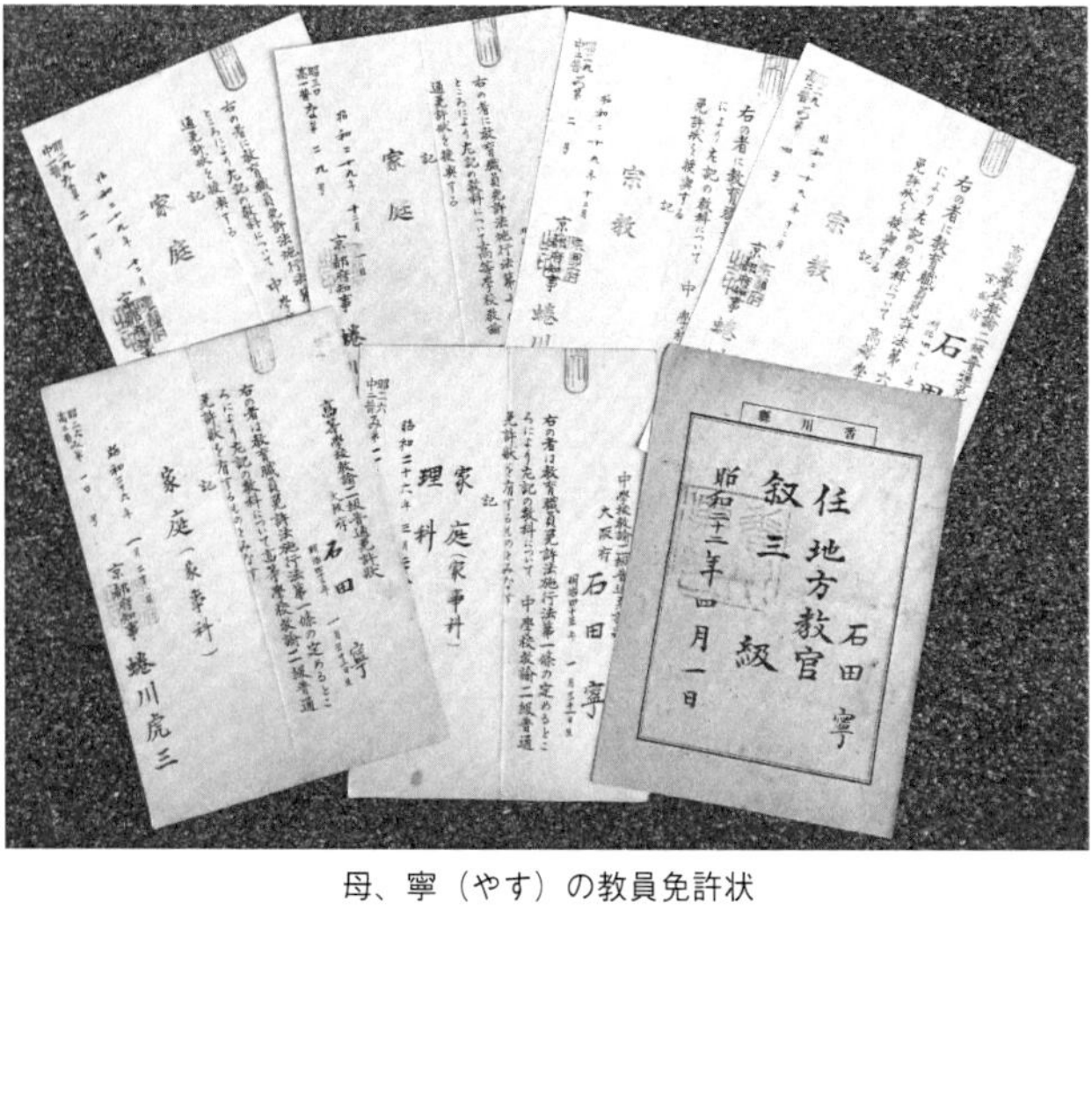

母、寧（やす）の教員免許状

る姿を見たことはないが、免状の交付年月日は「詫間」「追分寮」時代である。思うに、母は少しでも多くの報酬が得られるようにと考え、更なる免状を得たのだろう。それは免許状の交付された日付から推察できる。

一方、手帳には母の字で様々なメモが残されており、それを見ると、特に母方の親戚関係がある程度わかった。ただ、腑に落ちない部分もあった。それは母の父、今井實三郎に関する記述が一切無いことであった。

私の祖父でもある實三郎に関しては、母から何度か、断片的に話を聞いている。四国の大庄屋の家に生まれたがその家風を嫌い、今井に養子に行ったこと。四国の塾で学び、その塾の娘と結婚したこと。結婚後、慶應義塾の寮長として、朝日新聞初代社長となる学生などの面倒をみたこと。慶應義塾のある酒の席で、後に文部大臣になった鎌田栄吉と賄賂のことで大口論となり、殴り合いにまでなったこと。それで職を退いたこと（『慶應義塾百年小史』1ページと54ページの記述から鎌田栄吉も職を退いたことと読み取れる）。その酒の席とは一八九九年十二月三十一日夜半、三田山山上に於ける「世紀送迎会」だと考えられる。そして慶應義塾退職後、實三郎は三菱銀行に勤めた。

實三郎の末っ子である私の母、寧《やす》が一九一〇年生まれで、事件があったのが『慶応義塾百年小史』から推察して、一八九九年末と考えられるので、少なくとも十年弱位勤めたようだ。そして三菱銀行も辞め、事業を起こすべくアメリカに単身渡った（アメリカに渡り、十八年間一度も帰国せずだった、と二〇一九年に預かった私の父の日記にそう記されていた）こと。

しかし一九二九年の世界恐慌で事業が立ち行かなくなり、日本に帰って来たこと。アメリカで「新島襄は立派な人だ」との新島襄の好評判を耳にし、子どもたちは皆、新島襄が建学した同志社で学ばせるようにと妻の華《はな》に告げたこと（それで家族は東京から京都に移住し、兄弟五人は皆、同志社で学んだ）。娘の寧《やす》の希望としては、上野の音楽学校へ進学し、歌手になりたかったのだが、實三郎に「河原もののすることぞ」と一蹴されたこと。などなど断片的なことばかり、ちょこっと聞いただけだ。

彼の生年月日・死亡年月日、實三郎の実家の住所、どこの塾で勉強したのか、アメリカのどこの地で事業を起こしたのか、また、いつ渡航し、いつ帰国したのか、母の手帳やその他には一切メモがなかった。一体全体、今井實三郎に何があったのか。それがわかることにより、實三郎は勿論、母や私に関係することの解明に繋がるに違いないと思った。そうして私には今井實三郎という人物に対して非常に興味が湧き起こってきた。

そんな事情で、二〇二〇年一月十九日、香川県丸亀市の資料館に行き、丸亀における幕末の塾の様子を調べたが、今井實三郎に繋がったような資料はなかった。というのも、私が小学生の頃何度か、丸亀に住んでいる伯父（母の兄＝後述の戸籍謄本に「次男」と記載されている人）の家に、何度か泊まりがけで遊びに行ったことがあるので、實三郎の本籍地は丸亀だと思い込んでいた。それで、私は「今井塾」といったものが、丸亀藩か多度津藩にないか調べて、今井實三郎の活動ぶりを調べたかったのだ。

次に、香川県観音寺市の役所に行き、實三郎の戸籍謄本を取った。ここで色々なことが明白になった。例えば實三郎の戸籍謄本から、その妻、華の実家が多度津であるとわかった。しかし實三郎の生家がその地にあると思われる比地の役所では、實三郎の親や兄弟の事には遡りきれなかった。残念ではあるが、コロナ禍の最中で、再び現地調査をするのは難しく、そのまま時が過ぎている。

それらの謄本を穴が開くほど見つめていたら、断片的に持っていた知識・解釈が並べ替えられ事実が見えてくるのであった。この戸籍謄本と他の雑多な資料群とを材料に総合的に考察する作業により、私の認識の外にあったことが現実のこととして現れてきた。それは大きく分けて三点あった。

まず一点目は、母の母である華の姓は今井ではなく早川であることだった。華は多度津藩士、早川兵治（『香川県史3』686ページ）の養子、早川斧太郎の長女であった。私は今井實三郎が養子に行った先が「今井塾」だと思い込んでいた。そしてその「今井塾」の娘、今井華と結婚したのだと。この早川に行き着く過程で、私は『香川史』なども参考に読んでみた。すると、子どもの頃小耳に挟んだ、先祖は殿様に学問を教えていたとか、勤皇の志士だったとかの話も現実味を帯びてきた。そして謄本から今井實三郎のことを調べていたら、私は図らずも早川斧太郎（私から見ると母方の曽祖父）に出会い、その著書が国会図書館にあることが、偶然わかったのであった。

二点目は、今井實三郎の履歴が明らかになったことだった。つまり實三郎の動静が概ね明らかになった。その履歴は次の通りである。

一八六二年（文久二年）六月十三日、今井實三郎は、香川県三野郡に生まれた。

一八八二年（明治十五年）七月一日、實三郎二十歳の時、伯父の戸籍に入籍。

一八九二年（明治二十五年）十二月二十一日、實三郎三十歳の時、香川県豊田郡の今井信治の養子となり、分籍する（實三郎も戸主となり、本籍地を養父・今井信治と同じ香川県豊田郡と定める）。その時より今井姓を名乗る。そして今井信治の養女・トシ（信治二女）と信治の夫婦養子となる。

一八九八年（明治三十一年）八月二十七日、トシと協議離婚。トシは実家へ帰り、実家復籍。

一八九八年（明治三十一年）十二月二十七日、香川県多度津町の『早川斧太郎長女・華《はな》』と結婚。

その後すぐ、一八九九年（明治三十二年）初め頃、慶應義塾大学に赴任すべく、東京市へ移住した。慶應義塾大学では寮長を務め、多くの学生を支援したようだ。

そして、一八九九年（明治三十二年）事件があり、その後慶應義塾大学を辞し、三菱銀行に勤めた。

一九〇〇年～一九一〇年に長女・次女・三女・長男・四女（寧《やす》）と五人の子どもを授かった。

一九〇四～一九〇七年前半（明治三十七～四十年前半）頃、實三郎は東京市芝区白金に洋風の家を建てたが、建築木材や石は、自分で選んで、四国から運んでもらった。一階の広間には二階に通ずる踊り場のある階段があったそうだ。そして敷地内の庭には梅林があったそうだ。

やがて三菱銀行も辞め、アメリカに渡り、アメリカで事業を興した。

渡米してから、一九二九年の世界大恐慌で事業に失敗するまでの十八年間、一度も帰国したことがないという事だ（二〇一九年十一月義母より預かり受けた父の日記にその記述あり）。アメリカでの事業の内容やその様子、一九二九年の世界大恐慌の余波をどのように受けたのか、労働者の反乱はどのようなものだったのか、いつ渡米し、帰国したのか、など、全くわかっていない。ただ、母の姉へのアメリカからのハガキや渡航時使用のトランクだけは残っている。今井實三郎の波乱万丈の一生は一八六二年（文久二年）六月十三日に始まり、一九三三年（昭和八年）七月七日、テツさん宅にて七十一歳の生涯を終えた。三点目は二点目の今井實三郎の履歴や他の資料、私の体験などを合わせ考えて、テツさんがどういう人か、その存在が明らかになったことであった。

テツさんの名は母から何度か聞いたことがあるし、母の手帳にその住所も書いてある。又、母がテツさんの名をいう時、信頼し切っているオーラがあったが、私にはその人が親戚の人なのか、近所のおじさんなのか一向にわからなかった。一方、「詫間時代」の私の記憶の中に豚の飼育と果樹園をやっている、豚のおっちゃんと呼んでいた人があった。私はその家の座敷で寝転び、果樹園から渡ってくる風を気持ちよく受けていた。そこにいると安心でゆったりしていた。その人はいつも私たちを温かく迎え入れてくれた。その人こそがテツさんなのだと今思う。

先だって、實三郎の家族全員分の謄本をじっと見つめていて何か違和感を感じた。實三郎の五人の子どもの内、一人のみが男子なのに、男の子の枠には次男と記載されている。本来なら長男と記載されるはずだ。また、子どもの記載のないもう一つの謄本には、前述の履歴にある通り、「一八九二年（明治二十五年）十二月二十一日、實三郎三十歳の時、香川県豊田郡の今井信治の養子となり、分籍する（實三郎も戸主となり、本籍地を養父・今井信治と同じ香川県豊田郡と定める）。その時より、M姓から今井姓を名乗る。そして今井信治の養女・トシ（信治二女）と夫婦養子となった」のであった。

つまり、實三郎は華《はな》と結婚する前に、トシと結婚していて、五年半あまり一緒に暮らしていたのだ。また、上記トシの記載のある謄本には「明治三一年（一八九八年）八月二七日トシと協議離婚。トシは実家へ帰り実家復籍。」とある。この謄本には實三郎とトシの間に子どもがあったかどうかは記載されていない。しかし、實三郎とトシの間には子どもがあって、その子は、協議離婚の際、その子どもの父である實三郎の生家であるMの養子となった（Mの謄本にはテツさんの事が記載されているはず）。この子どもがテツさんその人であり、實三郎の長男であり、私の母、寧《やす》の異母兄になると私は確信できた。

このように結論づけたのは、

（一）今井實三郎の家族全員分の謄本に長男を飛ばして次男から記載されていること。

（二）實三郎は一九三三年七月七日午後十一時に、詫間のテツさん宅にて死亡したこと。当時（一九三一年〜一九三三年）、寧《やす》は満鉄経営の大石橋の女学校と小学校の教師を務めるため渡満していた。
寧はおそらく、アメリカで事業に失敗した父親の帰国を受けて勤めに出たのだろう。母の母、華は息子家族と台湾暮らしであった。

（三）私の「櫛形石灰の時代」に唯一、私が、家族以外で、心を開いて安心して接していた人だなあ、とテツさんのことを感じていること。

（四）母がテツさんのことを話題にする時、信頼しきった感じに満ちていたこと。

等、からである。

特に實三郎がテツさん宅で亡くなったという記載を見て確信に至った。テツさんは、事業に失敗し消耗した實三郎の面倒をみ、死を看取ったのであった。こんな風にしてあげられるのは、息子なればこそであろう。

こうして、私は様々な資料をかき集めて、私の「櫛形石灰の時代」を明らかにしていったが、ほぼ、その時代の事実を引き出し終えたと自負できる。石灰様のもので固められた櫛形部分は綺麗な果物色になった。特に、テツさんがどういう人かわかったことは、私を幸せな気持ちにさせる一大事であり、果物色を輝きあるものにした。当時私たちは、「引き揚げて　ふるさとなくて　転々と　転校ばかり　仮り住まいかな」の通り、父は十一人兄弟の下から二番目、母は五人兄妹の末っ子で、二人にはもう頼りに出来る父母がいない。そう、帰れるふるさと、というものがなかった。これは随分苦しい事であった。何もかももぎ取られた引き揚げ者にとって、帰れるふるさとがあるかないかは、その後の生活を決定づける。そんな中、テツさんがいたからこそ、何もなくても豊かな大自然の中でゆったりと、引き揚げの痛手を癒せたに違いない。考えてみると、テツさんが私たちにとってのふるさとだったと言える。

次に、明らかにした事実をもとに、私のイメージできなかった時代について、少し詳しくまとめてみようと思う。

三　満洲と私

一九四四年四月〜一九四五年八月初め

私は一九四四年四月十五日、満洲国新京特別市（現在の長春）洪熙街《こうきがい》第七代用官舎三九号で生まれた。当時、父が建国大学の教員だったからである。もちろん、私は当時のことを全く憶えてはいない。けれども次に見られるはっきりした情報を支えに、当時のことをある程度はイメージできる。

建国大学は満洲で唯一の国立大学で、中国人・朝鮮人・日本人・蒙古人・白系ロシア人などの学生が学んでいた。父は中国語はもちろん、朝鮮語もできたので、日本人学生と同数くらい在籍していた日本人以外の学生ともよく交流した。しかし、当時の中国は日本との戦争と内戦で荒廃を余儀なくされていた。そんななか、抗日を表明して運動に加わる学生も多かった。なかなか勉強できる環境が整わない時、学生の要望も受けて、父は自宅に学生を招き学習会を行った。

また、官憲に拘束される者も出たが、父は拘束された学生の釈放に奔走し、身元引受人になったりもした。その中の一人が日中国交回復前は使節団秘書長やLT貿易窓口・廖承志弁事処駐東京連絡事務所スタッフを務め、国交回復後は駐札幌総領事（一九八二年）を務めた陳抗さんで、国交回復前も後も自宅まで父を訪ねて来られた（ドキュメント「抗日学生にも慕われた満洲建国大学教授」本田靖春文『新潮45＋』１４２～１４８ページ）。

このように現地の人と中国語や朝鮮語で交流できたので、私たち家族も現地の人から、助けられることも多かったと思われる。私も自然な形で現地の皆から可愛がられていたと思う。では、当時、父がどうして満洲にいたのか。それは次の通りである。

父は十一人兄弟の十番目だった。旧制岡山一中を卒業後、上海にある東亜同文書院に進んだ。十九歳の時に医者をしていた父親が亡くなり、家督相続した兄から面倒を見てもらえず、県から一名選ばれる同校の給付生の道を選択したのだ。東亜同文書院の給付生は、衣食住、学費、わずかながら小遣いが支給された。卒業後の就職先も勤務地も自由に選ぶことができた。学風も自由闊達、日本で発禁の書物も近くの本屋に置いてあったとのことだ。

父は同文書院の最高学年時に挙行される五十日〜七十日の大調査旅行で満洲を訪れ、庶民の貧しいがゆえの不条理な生活の実際を見聞きした。卒業後、就職した会社から北満洲に出張する機会があり、先輩から協和党の活動についてはじめて聞いた。子どもの頃経験した患者さんたちの貧しい生活、大旅行で目の当たりにした軽く扱われる命のことが気になっていた折柄、自治指導員の活動に共鳴したとよく話していた。

一九三一年、協和党で働き出したが、やはり行政の現場に携わりたい

父　上海にて

と考え、一九三二年、黒竜江省拝泉県の副参事官になった。それを皮切りに参事官として辺境地の改革を行なった。当時満洲には百三十県四十旗（蒙古では県にあたるものを旗と言った）のコミュニティに分かれていた。参事官はそのコミュニティの長（現地人）の補佐をする。そうして父は、〝五族協和〟即ち、中国人・朝鮮人・蒙古人・白系ロシア人・日本人の五族が協力し合い和するコミュニティを創ろうと奮闘していた。当初はコミュニティの中で、或いはコミュニティの長の会議でいろんな問題を出し合い議論できたが、一九三七年副県長制（県長は現地人、副県長は日本人）になってからは体制が変質し、コミュニティは自由裁量で動けず、関東軍・政府の命令に縛られるようになっていった。

「参事官を　副県長と　言い換えて　自治を奪い　三位一体へ」

に変質したのであった。父は、このままでは自分の良しとしていた理想と違う方向へ行ってしまうと悩み、なんとか少しでも自分の主張を守れる場所に身を置こうとした。そして、若い学生たちが純粋な意味での

「五族協和」を議論し、それを実践する発信体になってほしいと願い一九四〇年、依願転職し建国大学の教員になった。

他方、母は京都の同志社女子専門学校を卒業した後、アメリカから帰国した父、今井實三郎と少しの間暮らし、一九三一年奉天に渡満して一九三一年〜一九三三年、満鉄経営の大石橋女学校と小学校で教鞭をとった。一九三三年七月に父、今井實三郎死亡。同年十月に石田武夫と結婚。結婚の際に異母兄であるテツさんが奔走してくれたと、母から聞いた記憶がある。

水溝　父は満洲肇東県において作物収穫量が上がるよう土中のソーダ成分を
抜くための水溝事業をなした

四　捕虜となって　一九四五年八月初め〜一九四五年九月

こうして、敗戦前年に生まれた私は満洲と関係を持つこととなった。

当時の事情を記した随筆、小説など資料を紐解くと、戦争真っ只中とはいえ私たちを含む新京市民はそれなりに普通に日常生活を送っていた。私などは爆撃音を怖がらず、外に連れて行けと駄々をこねたそうだ。『満洲難民』によると、そのような状況下で、巷では日本軍優勢の報道しかない中、一九四五年八月九日ソ連軍が参戦し、新京の主要道路はソ連軍の戦車で埋まった。

急遽、爆撃を逃れるべく疎開するために新京の日本人は新京駅に集合させられた。老人を除く十三歳以上の男性は残り、他の女性、子ども、老人、病人等はグループごとに行き先も知らされないまま、無蓋列車にぎゅうぎゅうに詰め込まれた。子どもなどは放り投げられて怪我をする者もあった。各グループでは、グループの中からグループの長が二人位選ばれ、上や横との連絡を図った（『流れる星は生きている』）。新京に残った男性は各方面に兵士として振り分けられた。十三歳の男の子でも敵軍の爆撃機の見張り役に駆り出された子もいたという。爆撃機が近づいたら走って知らせるのであった。

さて、母の遺稿によれば、私たちは最後の疎開列車に乗ったとある。『流れる星は生きている』の藤原ていさん家族が九日夕に報せを受け、九日は駅で泊まり十日朝に出発されたとの記述と、『満洲難民』の記述とを照らし合わせると、私たちは十一日か十二日に新京を出発したようだ。藤原さんは『流れる星は生きている』の中で、あまりの突然の疎開に疎開生活への準備が整えられなかった、と記されている。最後の列車を振り分けられた母は、一日の違いで少し落ち着いて用意できたと考えられる。

母はどういう場所に行くかわからない疎開先の状況を考えるなかで、満洲に移住してきた当初、腸チフスを治癒する注射がないために長男を亡くした経験から、腸チフスや栄養剤の注射の用意もした。父は建国大学を守る要員として新京に留まった。建国大学職員の家族は一つの団となり、その統率者には数学の教授と年老いた事務長が選ばれた。こうして私たちは最後の疎開列車に詰め込まれて、新京駅を出発した。

列車は爆撃を逃れるために度々停車

筆者二歳　新京の自宅にて

しながら南へ進んだ。朝鮮との国境のすぐ近くの街、安東は普段なら新京から急行で四時間位で行けるところだが、その時は一昼夜かかった。安東にはホテルのような防空壕があり、日本軍大勝の日まで何不自由なく暮らせるという噂であったが、安東の街は人人人でごった返し泊まるところなど無かった。再び列車に乗って南下し朝鮮の宣川で建国大学団の全員が降ろされた。宣川では気の良さそうな朝鮮人の警察隊員が出迎えてくれた。

ところで、「朝鮮終戦の記録」を引用した『満洲難民』260〜261ページ「北朝鮮における満洲避難民の受け入れ（昭和二十年八月）」によると宣川を疎開先とされた日本人グループは、満洲航空一二三六名、建国大学一二四名、熱河赤峰（東区）一一九名、満洲重工業二七七名、観象台四九名、軍関係（康隆）六九名、軍関係（坂本）三六五名、軍関係（渡辺）一〇八名、満鉄一五〇〇名、興農金庫四五〇名、軍酒保一〇〇名、その他軍関係の合計五六〇〇名であった。新京の疎開者は勤務先毎に団を形成し、団長・副団長を選んでいた。団長は団長会議に出席し、上・横の連絡をとった。この仕組みは敗戦後も団がそれぞれ自然解散になるまで続いた。

私のいた建大団は宣川に着くと、丘の上の瀟洒なキリスト教南教会に案内された。しかし、それもつかのま、八月十五日の朝に広間に集合させられ玉音放送を聞くこととなった。そして、日本の敗戦が明らかになった時点で、私たちは疎開した日本人ではなく、日本人捕虜となった。数日後、私たちは教会から追い出され鉄条網の張り巡らされた、かつての日本人小学校に軟禁された。その小学校には軍関係の団など数団が軟禁された。私たち一家に与えられたスペースは、大人が脚を曲げてしか寝られないスペースしかなかった。

そして、朝鮮の警察隊が戦後、保安隊と称し、いろんな規則を設けて私たちを見張った。私たちの軟禁されていた小学校は、三階建ての鉄筋コンクリート造りの広い校舎、木造の旧校舎、立派な茂みに囲まれた御真影奉安庫の建屋が小高い丘の上にあった。そこから広い運動場が見渡せた。広々とした敷地は植え込みに囲まれ、捕虜を収容するために全て新しく鉄条網が張り巡らされていた。前面の校門のみが開かれており、数名の武装保安隊員が昼夜交替で駐屯し、さらに二名の武装保安隊員が一時間交替で鉄条網の周囲を巡回していた。保安隊の役割は、私たち捕虜を監視する事と暴徒から守護する事だった。

一ケ月程経った頃に、建大団と、新京日本軍教育隊家族のグループに再編され、小さな木造の旧校舎へ移動させられた。その頃、私は栄養失調になり、お尻が三角になったそうだ。そして、団の中で真っ先に死ぬだろうと言われていた。母は疎開列車に乗る際に用意した栄養剤を頼みの綱とばかりに私に注射したそうだ。

そのまま私たちは、一九四五年十二月の父たちによる決死の救出まで、その分校で囚われの身であった。

五　収容所

一九四五年八月半ば～一九四五年十二月

収容所では子供たちは金網の外に出て遊べた。ある日、丘に遊びに出た兄たちが丘の上の教会の朝鮮人の牧師夫人と知り合い、「僕たちのお母さんが、赤ちゃんにあげる乳が出なくなって困ってる」と話した。すると牧師夫人は収容所まで来てくれ、母と金網越しに話し合い山羊の乳を運んでくれることとなった。幼い子どもたちが栄養失調のため、次々と亡くなっていくなかで出会いもあり、何とか私の命は救われたようだ。

私たち捕虜の食生活は、団単位に自身で調達するものであった。まず、食材の買い出しであるが何人かで市場に行った。そして鉄条網の外に出る時には、日本人捕虜と書かれた白い腕章を必ず付けなければならなかった。一家族の持てる金額は僅かしか許可されていないので、食材はとにかく安くて栄養のあるものを選び、各当番が工夫して調理した。食費は毎回、当番によりその実費が割られて計算、一人分何円と集金されたようだ。また、この買い出し当番で外へ出た機会に、性被害防止のための断髪をしてもらいに現地人の散髪屋に寄ることも出来た。

収容所は非衛生に陥らざるを得なかったと容易に想像できる。収容所では赤痢が流行り、子供はもちろん大人も亡くなる人が続出した。予防のためには清潔第一と、母たち有志は、当番で便所掃除を提案し実行に移したが、他団では実行しない人も少なくなかった。糞尿の汲み取りに来てくれていた現地人の人も「日本人は綺麗好きと思っていたが…」と呟いてもう来てくれなくなった。程なく便所は赤痢便で埋まり、壁まで赤く染まった。赤痢便で便所が埋まって使えないので、今度は外に穴を掘って板を渡し便所とした。子どもには危なっかしいことかぎりなかったが、便が一杯になるとそれを埋めて次の穴を掘った。

また、シラミも湧いた。このような不衛生な環境の中、子どもたちの命を守るため、母たちは寝床を干したり、要らなくなった布物でウエスを作ったりして予防衛生に努めた。死亡した人は穴を掘って埋めた。その地方は硬い土質で、深く掘れず身体が完全に埋まっていない状態であった。私は十代後半頃、ボランティアで広島の原爆死亡者の埋葬業務に携わった方の話を聞いたことがあった。まさか自分の周りでもそういう大変な埋葬状況だったとは思いも及ばなかったことであった。

朝鮮人の保安隊の私たちへの処遇は、だんだん厳しくなっていった。例えば荷物検査の際、自分の着ているブラウスの襟に宝石を縫い付けて隠し持っていた婦人はその場で銃殺された。また性暴力に遭うのはいやだと、連れ立って収容所を逃げ出そうとした三人の娘さんは外に出るまでの間に銃殺された。この当時、性暴力は日常的に起こっていた。加害者はソ連軍の兵士、朝鮮人個人、日本人個人であり、朝鮮人子女、日本人子女が被害者であった。夜中に、収容所まで頻繁に朝鮮人子女の悲鳴が聞こえた。日本人子女は自由に外出できなかったが、外出する時は断髪したり、男装をして女性とわからないように工夫した。

性暴力は被害者の心身を共に、ズタズタにする非常に非道な犯罪であるにもかかわらず、その犯罪性が意識されず当然のことのように起こった。この〈個人による個人への性暴力〉は、現在の日本、否、世界のあちこちで起こっている犯罪でもある。

一方、犯罪性が問題になりにくい性暴力があった。その様相は日本的な隣組制度を想起させる〈集団の一員であるが故に、選ばれて受けざるを得なくなる性暴力〉被害である（母の遺稿、本書102〜122ページ）。母たち捕虜の受けた性暴力はそれそのものであった。

私たちは新京での勤務先によって団を形成していた。団長は団長会議に出席し、上と連絡を密に取るのが一番の仕事だ。ソ連将校への接待婦を出せ、との通達は朝鮮人の保安隊長から団長に言い渡された。建国大学以外の団長は、団員にその通達を伝えることなく、独断で接待婦を出した。しかし建国大学の数学教授の団長は自分では処しかね、その通達を団員に伝え接待婦になってくれるようにと懇願した。母は遺稿の中で、接待婦を出さない場合、他団体の団長から言い渡されたこととして「自分達は建大を日本人としてとりあつかわない。今後食料其他一切の購入も禁止されるだろう。餓死するがよい…」と記されている。

接待婦に選ばれた女性の連れ出され方には団によって違いがあるが、文面から無理やり連れ出されたことが窺える。そういう成り行きで、建大団では子どもたちが寝静まってからの話し合いが、十数日間続けられた。しかしそんな非道な話が決するわけはなかった。それで団長に「接待婦は出せない」旨、伝えてもらうということになったが、後どうなったかは不明である。母の遺稿は数学教授が「わかりました」と答えたという場面の記述で途絶えている。

一方、団長が団員にその通達を伝えなかった他団では、婦人たちは団から接待婦を出さねばならないことを漏れ聞いて、非常に怒ったがどうしようもなかった。そんな中で若い娘たちは剃髪、断髪、男装をして三々五々連れ立ち南方方面へ逃げたが、十数名銃殺された。敗戦後の捕虜生活の中でこのような性暴力があったことはあまり知られていないが、現実にあったのだ。

ところで、このように団の割り当てとして接待婦を出したということであれば、〈集団の一員であるが故に、選ばれて受けざるを得なくなる性暴力〉の被害者は、少なくとも宣川における団の数、十二はある。爆撃から逃れるための疎開だと言われて、無蓋列車に詰め込まれた新京市民の各団は、各駅ごとの保安隊の統率の下にあった。そうすると他の朝鮮の駅で降ろされた多くの団が経験したことなのではないか。無蓋列車から降り立った朝鮮の駅数は平安北道・南道合わせて三十七駅、団数は平安北道・南道合わせて百四十団である（『満洲難民』２０６〜２６１ページ）。被害者は相当数になる。今ここに他団で起こった〈集団の一員であるが故に、選ばれて受けざるを得なくなる性暴力〉の被害の現実が記述されているものがある。それは藤原ていさんの自伝小説『旅路』122~126ページ「眠れない夜がつづく」にある。

『旅路』の著者の藤原ていさんは一九四三年、満洲の観象台に転勤した夫、新田次郎さんと共に渡満した、『流れる星は生きている』の著者でもある。当時、一家で満洲の新京市に住んでおり、私たちと同様、急な通達により無蓋列車の人となり、宣川で降ろされ捕虜となった。藤原さんたち観象台の団四九名全員は小高い丘の一軒家（八畳、六畳二部屋、四畳半二部屋、台所、便所二箇所）に収容された。保安隊の見廻りをうけながら生活し、そうこうしているうちに、団員がだんだん減っていき藤原さんは団長となった。

「眠れない夜がつづく」では接待婦として選ばれてしまった婦人が一週間後、気が触れて帰ってきた様子が記されている。性暴力は被害者の心身をズタズタにする。そればかりか、選ばれなかった集団の一員たちと集団のまとめ役である団長の心身もズタズタにする。次がその様子が丁寧に記されている文である。

―引用始め―

「絶対に抵抗はしないように」

万一、抵抗したとしても、ピストルの前に素手で立ち向かえる筈もない。連れ去られ、奪い去られても、生命までも奪うことはないだろう。それなら災難と思って帰って来ればいい。敗戦国民である。耐えなくてはなるまい。


団体の仲間達はおびえながら、お互いに手を取り合って声をかけ励まし合い、誓い合って夜をむかえた。髪を切り落とすもの、どこから探し出したものか、ボロボロの軍服を着出す者。朝鮮服を着る者。顔へ炭をぬりつける者。暗い電灯の下で、異様な群れが、神経だけを尖らせて、眠れない夜がつづいていた。雨戸をたたく風の音にふるえ上がり、水桶の凍りつく音に耳をそばだてていた。

サッと障子があいた。軍靴が踏み込んで来た。

「オンナ、オンナ」

と云いながら、目ざとく団体で一番若い女性の手を引っぱった。

「助けて！」

声を殺して鋭く叫んだ。鷹が餌物をさらうような素早さで、目の前を引きずって行く。

「助けて！」

その声に誰も動かない。身体を固くしてふるえているだけだった。足音は乱れて、やがて雪の中へ消えて行った。団長として、立ち向かうべきだっただろうか。でも私には出来ない。勇気がないと、たとえ悪口を云われようとも、私はいやだ。子供達三人がいる。団長としての責任をとったとしても、結果はわかりすぎている。司令部の地下室のあの血染めのフトンのような惨劇がくりかえされるだけである。私は死ぬのはいやだ。私の死は子供達の死に通じる。いやだ。どのような悪口や、そしりでも我慢しよう。私には子供達がいる。利己主義者でいい、無責任野郎でいい。団長不適格者でいい。

　無言の夜が続いた。あれほど夜は食べ物の話がにぎやかに繰り広げられていたものが、その晩から、みんな貝になったように、おし黙ってしまった。自分が難を逃れたという一種の安堵と、また明日の夜へのおののきと、そして一人の犠牲者を救けてやれなかったという自責の思いとが入り乱れて、にがいものが身体中を浸していた。

「ただいまあ」

　丁度一週間目の朝早く、戸をたたく音がする。犠牲者は帰って来た。それもにこやかに、肩を張って、あたかも凱旋将軍の姿そのままの格好で。両脇に一升瓶をかかえ込んでいる。

「あははは、貰っちゃったのよ」

と云うと同時に、瓶を土間の石へたたきつけた。水が飛び散った。

「ざまあ見ろ、ああいい気持」

　高らかに笑っている。その姿を見た時に、すでに正常ではなくなっていると、誰もが直感した。

　あの若妻だった彼女の、つやつやとした表情は無くなっていた。張りのある涼しそうな眼の輝きも、今はない。きちんと束ねた髪は、ふり乱している。もり上がっていた胸も、腰の丸さも、どこでそぎ落としたのだろうか、無くなっていた。ただ言葉だけが、手柄をたてた兵隊のように荒々しく勇ましい。手当たり次第に、物をたたき割った。丸太棒を探して来て、雨戸をたたきこわし、お互いに命の綱と思って大切にしていた飯盒を持ち出して、井戸へ投げ込んだ。やがて、井戸の端へ腰をかけて飛び込むのだと、わめきたてた。つい、荒縄で、土間の柱へしばりつけた。

「ごめんね、ごめんね、こうするより方法がないのよ」

　仲間達は、声を掛け合い、励まし合いながら、力を入れて手も足も動かないようにした。御主人は、夫達と一緒にシベリアへ連れ去られていた。まだ新婚早々だと聞いていたけれども、ご主人の無事を信じきって、日本へ帰れば、また新婚生活が待っていると楽し気に話していた。

「ううう…あああ…」

夜になると、縛られたまま、柱の根元へうずくまって眠った。一晩中動物のような声を出す。その声におびえて、夜中に便所へ一人で行くことが出来なくなった。お互いに仲間を起こして、土間の横を通りぬけなくてはならない。

「こわい」湿った土の匂いと、便所の匂いと、食物の匂いとが暗い土間に立ちこめている。

―引用終わり―

私は母の遺稿を検証する過程で、戦争と性暴力の問題に真っ向から突き当たった。戦争における性暴力は、戦争中なんだから仕方ないとされてしまってきた。しかし、それではいけない。

以上具体例をあげて述べてきたように、私たちは、被害者の心身をズタズタにしてしまう、人を物のように扱って、特に戦争の中では残虐性を帯びてしまう性暴力の実態を明らかにし、しっかり犯罪として捉え直さねばならないと思う。そしてその性暴力がどうして起こったのか、その原因を明らかにし、被害者の失われた人権の回復が為されなければならないだろう。さらに性暴力という犯罪を犯した加害者を罰しなければならないだろう。ここで大切なことは、戦時中の性暴力の現実を知り、それを記憶し、伝えていく作業であろう。そういう作業があってこそ、性暴力撲滅が可能となるのではないか。

六　棄民生活

一九四五年十二月末〜一九四六年八月初め

父は建国大学の教え子の朝鮮人、中国人、白系ロシア人、蒙古人のあらゆる学生から情報を得ることができた。一九四五年十二月、その方たちに助けられ、私たちが捕虜として収容されている場所をつきとめた。そこで私たち建大団の救出を計画し救出作戦を実行した。実行に際し父は朝鮮語、中国語ができることをフル活用した。朝鮮人になったり中国人になったりしながら、学生たちと旧校舎に捕虜として収容されていた人たちを救出に来た。

救出隊によって捕虜たちは駅に向かって逃げ出した。逃げるに際して、赤ちゃんを連れて逃げるのが苦しく、赤ちゃんを置いていかざるを得ない人もいた。

父が救出しに来ていることを知らなかった母は、子どもたちを連れて逃げ、列車を乗り換える時に体力を奪われ倒れた。母は「もうこれまで」と覚悟し、着けていた水晶のネックレスの玉を引きちぎり、九歳、八歳、三歳、一歳の幼な子の手に握らせた（収容所で首飾りは一つを残して没収されたとの事）。たとえ離れ離れになっても、この水晶の玉が「きょうだいの証」となるに違いないと信じたのだ。

母が倒れた時、その周りで泣いている私たち兄弟に、一緒に逃げていた医者が「これをお母さんに」と角砂糖をくれた。それを食べて母は動くことができるようになり、子どもたちを連れて逃げ続けられたという。その後、貨物列車に乗り、さらにソ連軍の貨物トラックに便乗させてもらい新京に到着した。貨物列車もソ連軍の貨物トラックも、あらかじめ救出隊によって手配されていたものだった。

父の自費を投じた救出隊の決死の大作戦は成功し、他の建大家族と共に私たちは新京に戻ってきた。新京の家では後に合流した父と、逃げてきた建大の日本人学生二人と、以前お世話になった日本人看護師二人と計十人で助け合って生活した。

日本政府からは棄民政策をとられたまま、在外日本人は蔣介石政権と中国共産党政権が拮抗するなか、蔣介石政権下にあった。本国から何の音沙汰もなく、日本人は仕事のない者も、孤児になった者も、病気の者も、生活のあてのない者も、自分でなんとか生き延びねばならなかったが、それなりに自由であった。

父母は、以前から現地人との交流を大事にし、現地の生活にかなり溶け込んでいたからか、私たちは略奪・襲撃を受けることはなかった。この生活は時折、学生たちの訪問を受けたりしながら引き揚げまで続いた。

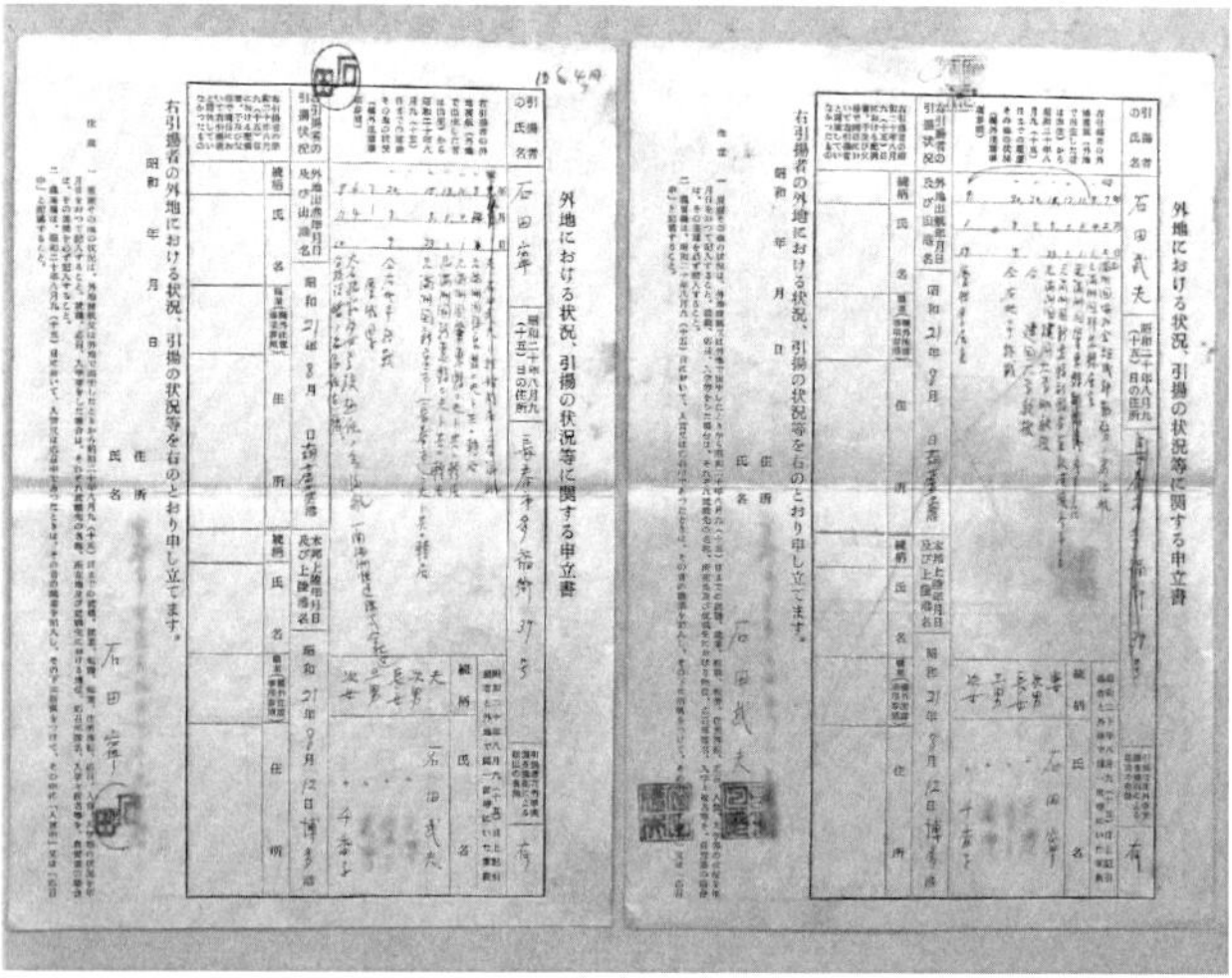
外地における状況、引揚の状況等に関する申立書

右引揚者の外地における状況、引揚の状況等を右のとおり申し立てます。

外地における状況、引揚の状況等に関する申立書

右引揚者の外地における状況、引揚の状況等を右のとおり申し立てます。

引揚者の外地における居住の状況、引き揚げ時の状況等に関する申立書

七　引き揚げ

一九四六年八月初め〜一九四七年三月

日本政府から棄民政策をとられた当時、満洲の新京にいた私たち家族は、蔣介石政権下にあった。一九四六年八月、蔣介石政権より帰国の許可が出た引揚者は、コロ島を出港する帰国船に乗り込むべくコロ島に集結した。新京で共に暮らしていた看護婦二人は蔣介石政権に徴用され、一緒に帰国できなかった（引き揚げ給付金申請用紙の端に記された母のメモ）。当時の書類（乗船証明書・到着港の証明書）から、私たちは一九四六年八月五日、アメリカの貨物船・VO68ウイリアムマットソン号に乗船。中国コロ島を出港し、同年八月十二日、日本の博多港に上陸したとわかる。このように人々が動き出したのは、一九四六年六月「日本人外出禁止令」が解かれたからだ。

実は、私はこの書類を見るまで引き揚げの経路について他の経路を想像していた。他の経路とは、宣川から南へ山越え谷越え川越えて三十八度線を越え京城に至る、多くの人たちがとった非常に厳しく辛い行程（藤原てい著『流れる星は生きている』）である。この行程は厳しい寒さと飢えで多くの人が脱落していったという。ただ一つ、京城に着けばアメリカ軍が保護してくれるという望みがあったようだ。

一方、幾割かの人は北方面の安東、新京などを目指していった。ていさんもどちら方面に行くか、とても迷われたようだ。私が母の残した資料に当たるまで、京城への経路をとったと想像していたのは、『流れる星は生きている』の著者の藤原ていさんの捕虜地も宣川で、かつ新京での生活の仕方が、官舎住まいという共通点が見られたことが関係した。宣川での収容のされ方は違うが（ていさんたち観象台の一団は、丘の一軒家に四十九人が収容され、鉄条網はなく監視員が見回っていた）、敗戦後、北朝鮮の宣川で捕虜として囚われていたこと、十二月に父たちの決死の救出作戦があり、再び新京に戻って来ることができたことを、資料で当たるまでわからなかったためだ。

ところで引き揚げに関して思い出すのは、日本の博多港に下船後、本州へ渡るため海底トンネルを汽車で通ったことだ。小学生のころ海底トンネルを汽車で通ったことがあるよと母が話した。それは引き揚げの時に通ったということだった。私の記憶にある海底トンネルの様子はかなり現実とはかけ離れ、新しい世界に向かう子どもらしいファンタジーがあった。海底トンネルをくぐれば本州である。海底トンネル…即ち海の中を汽車が通れる道があるという事が、私にとっては驚異的だった。

私の記憶にあるのは、小さい女の子が海底トンネルを汽車で通り抜けている。窓の方を向いて脚を折り曲げ、腕を組み合わせ窓枠の桟に載せている。窓は四角で窓の外は海。魚たちが行ったり来たりしている。小さい女の子（私）はその様子をじっと見ている、というものだ。現実的に考えると、汽車の窓から海中が見えるはずがないのに、引き揚げのイメージとして深く刻まれている。

本州まで無事戻ってきたが、私たち家族が落ち着ける家は無かった。一九四六年八月十二日に博多港に上陸してから翌年三月まで、引き揚げたもののふるさとはなく、転々と仮住まいが続いた。父母はどちらも多兄弟の末の子なので、すぐに頼れる実家がないのは仕方ないが困ったことだった。父の兄・父の弟・母の姉の家を、大阪・東京・京都と次々に移動して暮らした。

私はこの当時のことで一つだけ記憶している事がある。それは、母の姉、N伯母さんの家に厄介になっている時のこと、私たちの寝泊まりしている二階から手摺りに掴まりつつ、やっと階段を下り切れた時のことだった。N伯母が「下りられたねぇ」と満面ににこにこして手を差し出し喜んでくれたことだ。思えば昔の家は階段一つ一つの高さが高く、二歳の私には大仕事をやり遂げたに等しかったのだろう。それ以外、当時の記憶は何もない。七、八歳年上の兄や姉は殆ど語らないが、次々の転校がとても嫌だったそうだ。

八　詫間時代

一九四七年四月～一九四九年三月

一九四六年八月十二日、引き揚げ船で日本の博多港に上陸してから一九四七年三月まで、転々と住まいを変える仮住まい生活であったが、一九四七年四月、父母は引き揚げ後のとりあえずの住まいとして四国香川県三豊郡詫間を選んだようだ。母が詫間中学校で教鞭を取ることになったからであったが、父が保管していた母の戸籍謄本から母の実家は三豊にあることもわかった。そんな縁で私たち子どもは母の勤務地、三豊郡詫間で暮らした。父は京都大学の研究生となり京都に残った。瀬戸内海に面した詫間では漁師さんの離れを借りて生活した。その家は海に近く、海は私たち子どもの毎日の遊び場だった。

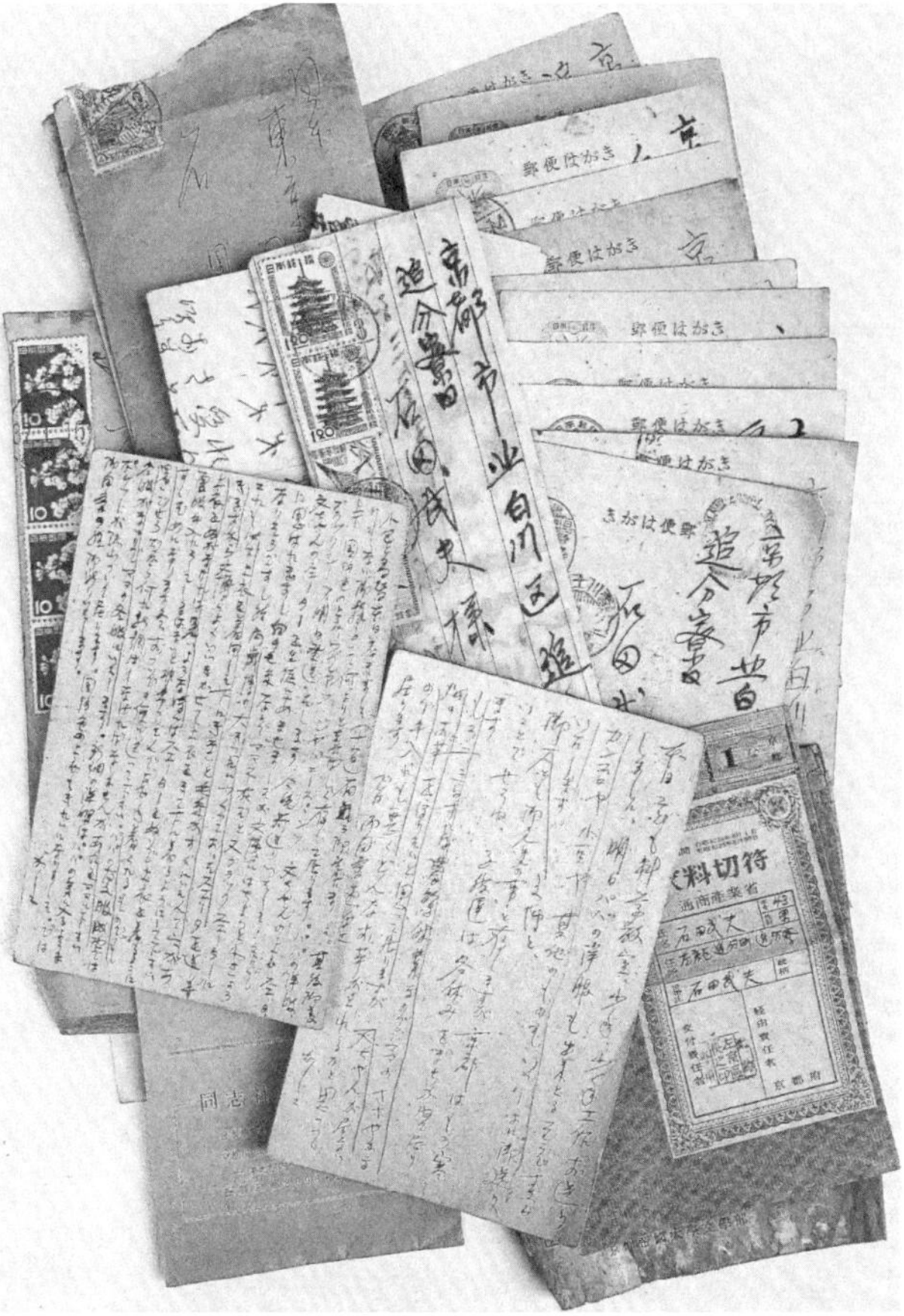

夫婦書簡　子どもの様子などがやりとりされている

ある日、兄たちが大きなタコを捕まえた。バケツの中で脚を伸ばしたり、引っかけようとグニャグニャ動き回るタコの様子をよく覚えている。お風呂は漁師さんの家のお風呂に入らせてもらっていた。いつも「お風呂貸してもらいます」と声をかけて入るのだが、顔を合わせることはあまりなかった。五右衛門風呂だった。

時々、漁師さん家の子だろうか、同年齢くらいの子を「おどら〜」とふざけながら追いかけ、漁師さん家の廊下を走り回っていたこともあった。その時にはいつも、ゲンコツ飴を握っていたような気がする。

漁師さんに借りていた離れには小さな二階があった。ちょうど二階にいた姉を見つけて隣の畑のおじさんが「そーれ」と自家にたわわに実ってるザボンをポイポイ投げ入れてくれたそうだ。

私の記憶の中に、浜辺の波打ち際に座って波にゆらゆら身をまかせながら日がな一日過ごしていたなあ、というものがある。色々な資料を得るまで、その場所と時期については知らなかった。その場所は私が三〜

四歳の頃に暮らしていたのだった。詫間という地名は覚えがあったが、なぜ浜辺の暮らしが記憶にあったのか調べるまでわからなかった。父が遺した香川県観音寺の古い戸籍を頼りに、コロナ禍の直前に役所を訪れ資料が見つかった。

私が勤め始めた頃、母が「一番好きな海は瀬戸内海だから、骨は瀬戸内海にまいてちょうだい」と言ったことを、そこで鮮明に思い出した。私のわずかな記憶と断片的に聞いていたことをつなぎ合わせて合点がいった。詫間は母の父、今井實三郎の実家の圏内にあったという縁だけではなく、何よりも異母兄、テツさんが詫間に居られた。

テツさんは、實三郎がアメリカで世界恐慌の余波を受け事業に失敗して一九三〇年頃失意のうちに帰国してから、實三郎や寧《やす》たち、特に寧のことを助けてくださった方だ。例えば、寧の結婚（一九三三年）に際して奔走されたとちらっと聞いたことがある。母は詫間で勤務するまで、その地で暮らしたことはなかったが、引き揚げ後はテツさんが私たち一家を支えてくださった。私の記憶の中に強烈に焼きついている豚のおっちゃんというのはテツさんのことに違いない。

日がな一日波にゆられて遊んでいた頃、豚のおっちゃん宅に遊びに行っていた良い思い出がある。いつもとても快く迎えてくれて、座敷で大の字になり寝転んだ感覚が今も残っている。涼しい緑の風が通り抜けるのを感じながら果樹園を眺め、気持ちいいなあと思っていた記憶がある。

母が学校に行っている間、私は保育所に行かなければならなかった。保育所のことは下の兄に手を繋いでもらい保育所前の橋まで送ってもらったこと以外、何も覚えていない。その代わり、頼み込んで母の授業中に教室の前の廊下に座り込んで手遊びをしたり、心地よい風に吹かれながら、運動場のいろんな動きを眺めていたことはよく記憶している。

一人で留守番することもよくあったように思う。そんな時はお盆を汽車にして、両手で押しながら走り回って遊んでいた。ある日、母が帰ると薄暗い部屋の真ん中にうんちをした私が突っ立っていたそうだ。横には汽車にしていたお盆があった。私もしょんぼりしていたのを憶えている。

九　追分寮時代

一九四九年四月〜一九五三年三月

父のいる京都の立命館中学校で母は講師の職を得て、一九四九年四月から京都市左京区北白川追分町の引揚者寮「追分寮」で家族六人で暮らしはじめた。続いて、一九五一年四月から母は同志社高等学校に勤めることとなったが、住まいは同じく「追分寮」であった。

追分寮は京大の馬場のすぐ西側にあり、私たちの部屋の窓と馬場の柵とは一メートルぐらいしか離れていなかった。私は窓枠に腕を載せ、飽くことなく馬の動きを眺めたものだった。

寮には私たちを含めて四家族が住んでいたと記憶している。奥から二番目が私たちの部屋で台所と便所が共同だった。便所は思い出せないが台所は暗く、一段下りる土間の台所だった。流しは学校の手洗いのように水道が並んでいた。

父は朝が早く自分で火をおこし湯を沸かしてお茶を入れていた。私が起きるのも、ほぼ父と一緒だった。そして、お茶をお相伴にあずかることもあった。ある日、その台所で、練炭をおこす火鉢に小さな深めの土鍋をかけ母がドーナツを作った。その美味しかったという感覚と、ドーナツを作れる母を自慢したい気持ちでいっぱいだったことは今も忘れない。

私はよくお腹を空かせて「お腹、ういたー」「お腹、ういたー」と言っていたらしい。伯父や伯母のところに仮住まいさせてもらっていた時も、同じようにしていたのかどうか知らないが、追分寮ではそんな時、母は電灯に毛布をかぶせて灯りをつけていないかの如く部屋を暗くし、食べ物を作ってくれたこともあった。夜中に電灯をつけるのが憚られる時代だった。

部屋は押し入れを含めて七・五畳くらいの狭さで、片方は全面押し入れだった。追分寮での他の住民のことは何も覚えていないが、寮の大家さんはOさんといい、何かダミ声のような感じの太い皺のある人だった。私は一目置いていたが、母はどちらかというと彼女を信頼していたと思う。

ある夏休み、Oさんの娘さんとOさんの母家の座敷で昼寝を一緒にしていた。その時、私より年下の子どもがもう一人いた。たぶんOさんの娘さんの子どもで、私はその子と二人で娘さんの両側に寝ていた。娘さんは二人に均等に風がいくように団扇であおいでくれていた。

追分寮から小学校へ通うとき、京大農学部を通り抜けて行っていた。帰りはゆっくり寄り道して、溝に落ちている水銀の玉を拾い集めたりしていた。農学部の一画にある天文台の庭は格好の遊び場で、放課後はよく友達と遊んだ。農学部の農場はかくれんぼに最適だった。遊びと言えば、夏の夕方には就学前の子から中学くらいの子まで一緒になって「缶けり」や「はじめの一歩」をして遊んだ。

当時、毎日のようによく遊んだのは、近所の同学年のさっちゃんだった。さっちゃんの家でおままごとや宿題などの勉強もさせてもらった。近所の靴修理をしている靴屋のお兄さんの店にもよく行った。お兄さんは靴の修理をしながら、いろんな話をしてくれて子どものおしゃべりもよく聞いてくれた。

また、近所に貸本屋さんもあった。下の兄がよく長谷川町子の「サザエさん」を借りてきていたが、母も含めてみんなで楽しんだ。夜たまに、母は私を連れて京大の西部講堂に映画を観に行った。そんなとき私は退屈で母の膝を枕に横になっていたのだった。

私が一年生か二年生の頃、「追分寮」に私の大叔母さんにあたる（母の母親、華の妹。私の祖父、今井實三郎のことを調べていて偶然行き着いた早川斧太郎の娘）NTさんが訪ねてきてくれたことがあった。大叔母さんは私に「本を買ってあげよう」と、付録付きの学年雑誌を買ってくれた。私はそんな豪華な本を自分の物として今までに持ったことはなかった。私はとても嬉しくて付録を作り、大事に大事に何回も読んだ。

また、底抜けに明るいエイコというお姉さんが「追分寮」にやって来たことがあった。今はどんな内容だったか忘れたが、とても親しくいろんな話をした。「一緒にお風呂に行きましょう」と私を誘い二人で一緒に行った。お風呂屋さんでは「あっ、シャンプーがないね。これでいいわ」と石鹸で何ということなく済まされたのを覚えている。今、母の手帳などのメモから推察すると、エイコさんは母の異母兄、テツさんの娘だと思う。

母は、よくミシンをかけていた。当時は足踏み式である。そのミシンで服を作るというより、家族の服の修理に追われていた。父のワイシャツの襟に何度もミシンをあてた縫い目があったのを記憶している。ミシンで忘れられないのは、私の入学式用の晴れ着を縫ってくれたことだ。私はミシンのそばで、服が仕上がっていくのをじっと見ていた。胸元と袖にスモック刺繍までしてあるワンピースで、私はとても満足だった。そして、それを成長に合わせ裾丈を伸ばして三年間位着ていた。

追分寮時代の大イベントは、やはり木津川水泳だろうか。家族みんなで木津川水泳場まで泳ぎに行った。電車に乗ったのだろうが、どんな様子だったか憶えていない。お弁当はおにぎりだったと思うがよく憶えていない。よく憶えているのは、父が私を背中に乗せて川の流れにそって泳いでくれたことだ。まるでクジラに乗っているようだった。

寝る前の一番の楽しみは、父創作の「とっちんとおっちんの大冒険」の物語を聞くことだった。私と下の兄は布団を敷き寝転んで、「はやく」「はやく」と父を呼び込んだ。その物語に出てくる「とっちん」は下の兄のことで、「おっちん」は私のことである。この二人が「怒り薬」と「笑い薬」を持って大冒険をする。二人が二種類の薬を使い分けて、行く手を阻む悪者を退治したりし、様々な困難を乗り越えていくのである。「怒り薬」は、それをふりかけると、ふりかけられた相手が怒りだし、「笑い薬」は笑いだす。「パッとふりかけると…」と言う父の動作付きの言い方が、なんとも面白くゲラゲラ笑って眠りについた。

一方、私はある夢をよく見た。「詫間時代」にはなかったことだ。それもいろんな内容の夢ではなく決まり切った内容だった。決まって夢の中で私は広大な砂漠の窪み部分に一人でいる。立っている時もあるし、座っている時もあるし、膝位まで砂に埋もれている時もある。泣いているわけでもなく、微笑んでいるわけでもない。普通に「ヨイショ、ヨイショ」と歩いてきて、その場で立ち止まった感じである。

四日ほど続けてこの夢を見ることもあった。この夢を見た時、かならず目を覚ますのだが、何か淋しいとか苦しいとか特別の感情が起こることはなかった。この夢は追分寮の暮らしの後、山の麓の小さな家に引っ越してからも稀に見た。父母は忙しく、一人で頑張っている子どもをよく表している夢だ。しかし、いつの間にか見なくなった。

追分寮を西へ行くと大通りの東角にお米屋さんがあった。そのお米屋さんは私たちが引っ越してからも、御用聞きに来てくれていた。当方の支払いが滞っても、気持ちよくお米を届けてくれたように思う。集金に来たお米屋さんに母が「ちょっと待ってくださいな」と大声で朗らかにやりとりすることも稀ではなかった。

私は、引揚者だとか引揚者寮に住んでいるということで、差別的扱いを受けた印象はない。受けていても感じ取っていないだけかも知れないが、姉はまともに受けた。

姉が小学校六年生の時、担任の先生に「引揚者寮の子だからシラミがいるに違いない」と言われ、ＤＤＴを振り撒かれたのだった。母がいつも衛生に気をつけ清潔にしてくれている姉は傷ついたが、すぐに徒競走で一番をとって自信を取り戻したらしい。教師であっても、このようなしてはならない事を平気でしてしまう思考が、戦争をくぐってきた人には普通に身についてしまうことが多いようだ。恐ろしいことだと思う。

一九五三年初め、山の麓に父母は六坪ほどの小さな小さな家を建て、最後の引っ越しをした。引っ越しは何日もかけて、夕食後に手に荷物を持って運んだ。片手に荷物、もう一方の手は母と手を繋いでいた。徒歩でおしゃべりをしながら夜道を歩き楽しかった。その時の母の手の感触を今でも覚えている。私たち一家は戦後八年にして、やっと安心して暮らせる場所を得た。その後、母は私が小学校六年生の時に心臓発作で倒れ職を退き、いつも家にいるようになった。

新しい家　下の兄と向かいの家の子どもと
（筆者は左端）

十　後書きにかえて

思いがけず、沢山の参考資料となるものがつながり合い、私の知らない事実を浮きあがらせてくれた。

沢山のもの、例えば写真、日記、終戦直後に使っていたものを含むメモ帳代わりの母の手帳数冊、母自身の教員免許状、母が書いた自身の履歴書、任命状、引き揚げ時の書類（残留日本人のために使ってもらう財産引渡書・乗船証明書・到着港の証明書など）、申請した引揚者給付金に関する書類、母の昔の戸籍謄本、實三郎の戸籍謄本などだ。母が女学校卒業時に得た教員免許状と、教員免許状一級（資料：教員免許状）がある。

私は母が勉強している姿を見たことはないが、のちに得た免許状からは、少しでも多くの報酬が得られるようにと、母が更なる勉学に励んだことが伝わってくる。以上の私たちの身の回りに関する参考資料は、私の「櫛形石灰の時代」の場所や時間的な流れを明らかにしてくれた。そしてそれら事実の拠って立つ状況を教えてくれたのは、図書などの資料だった。

私が、本書を書こうと思い至ったのは、母の遺稿を見つけ、その内容を埋もれさせてはならないと感じたことによっている。「収容所」の章に記した事実を母もこの世に問いたかったに違いない。母は未完ながら、戦争による理不尽な性暴力があった現実を伝えてくれた。私もそれを伝える。こういった事実を伝える作業は、歴史的な事実が歪められずに記憶され続けるうえで大切なことだ。後世の人々は起こった現実を知り、二度と起きないようにするためにはどうしたらよいか考える。

私は本書をしたためるに当たって、ほぼ三年かけて様々な視点から調べ物をした。その過程で、昔教えられたことの一面を事実と思い込み、近現代史を捉えていたことを自覚させられた。そこで事実を見誤っていた点を多方面から検討し、考えてこそ母の体験を伝えることができるのだと学んだ。

当時、戦争中あるいは戦後の混乱期に、多くの女性が、公然と性暴力を受けても、被害者女性が救済される仕組みはなかった。また女性も諦めざるを得なかった。しかし今後は違う。今、性に関して徐々にではあるが、先輩諸氏の努力によって人権尊重を基礎とした捉え方が浸透している。そういう中で、もちろん男性も含めた一人一人が被害者の立場に身を置いて性暴力被害の現実について学び合うことが重要だ。そしてこの際、忘れてならないのは過去の歴史として埋もれていく性暴力被害の事実を正しく伝え続けることだ。

さて今まで述べてきた戦争中における性暴力として、私は被害者が個人であるもの、集団の一員であるものを考えた。個人のものというのは

〈個人による個人への性暴力〉、そして集団のものというのは〈集団の一員であるが故に、選ばれて受けざるを得なくなる性暴力〉である。

被害者の心身をズタズタにする性暴力はどれも、かけがえのない個人の人権を最も尊重するという視点から、その犯罪の事実を分析し、その犯罪性と処罰について考えなければならない。

以上が、私が母の遺稿から学んだ事だが、もう一つ今になって気づいたことがあった。「三つ子の魂、百まで」と、昔からよく言われるが、私のこの戦争と捕虜の経験は、当時一～二歳だった私に何か影響を与えていることにはたと気がついた。私の目の前で起こった衝撃的な事件の数々は、その場その場で意識の上や無意識下で私に衝撃を与えたに違いない。引っ込み思案で、人の輪に気安く入っていけない私がいるのは、幼少期に落とされた影が大きく影響したのだ。戦争で勝っても負けても私たち庶民は、色々な点で多かれ少なかれ被害を受ける。この戦争に遭遇しなければ、父も母も、皆も、自分を生かした伸びやかで豊かな人生を送ったことだろう。いの一番に人権尊重の立場を取るとき、時間はかかるかも知れないが紛争を遠ざけ、平和な世の中を作り維持することにつながると私は信じたい。

最後に次の言葉を、私自身かみしめる。

「子どもには　重き苦しみ識れぬまま　冴えない父に　見えたばかりに」…父へ

「遺稿をば　紐解き今　身にしみる　母の明るい歌声聞こえて」…母へ

二〇二一年七月五日、母五三回目の命日に

荒島千香子

京都市記念動物園（現在、京都市動物園）にて　母と兄弟姉妹（1951年）
（著者は前列右）

資料：母、石田寧（やす）の遺稿

（ワープロ書き起こし・不鮮明な部分は空白○となっている）

私は不思議な夢を見續けて居た。夢か、うつつなのか、そうね、始めは確かに夢で、其うちいつしか自問自答している内に意識がはっきりしてきて、遂に目覚めたのである。

熱ぽい程蒸暑い、汗臭い空気の中で、リュックサックを枕に両膝を折り曲げた窮屈な姿勢より目覚めたのである。気がつくとブラウスはびっしょり、額から首すじにかけてどんどん汗が流れている。ゆっくり手足を伸して眠れないので身体中がしびれるように痛む。力なくズボンのポケットよりハンカチをとり出して顔をふくのだが、あとからあとから噴出るような汗の為に『まあ、気持の悪い事』と神経質に、又真新しいハンカチを出して、それもびっしょりになってしまうと、思わず息苦しい溜息を吐いた。「嗚々！」

悲しさが胸の奥底から、こみ上げて来るでの汗と涙が一緒になってやり切れない。「胸も張り裂ける思い」とはこんなんだろうかと考える。「いやいや元気を御出しなさい、いとし児の為に」と頭の何処かで叫ぶ声がする。不安と様々な思いで、ずきんずきん痛む頭を急に持上げて傍に充分とは言えないが、それでも可愛いい手足を伸して無心に眠る吾子達をぢっとみつめた。文ちゃん、愛ちゃん、歳ちゃん、千香ちゃん、と数え年九才、八才、三才、一才の幼い愛児の名前を順々と呼んで見た。ふと、つぶやくように「私は死なれない」と、今の今まで、いつまで続く捕虜生活かと、希望のない生活に、色々なデマは飛び、実際あちらこちらでの暴行、辱めの事件の様々が誰からともなく伝えられる最中に、幸福な家庭の温床より悲惨な逆境に突き落され、敵国人より辱めを受けるよりは子供を殺して自分も死ぬ事ばかりを来る日も来る日も其手段をぼんやりと而も真剣に慎重に考えていた事に愕然とした。

膝を抱くように汗ばんだ両手でしっかりかかえてぐったりうつ伏している内に、懐しい母校同志社の姿が頭一杯に走馬燈のようにぐるぐる廻り、ひろがって来る。紫色の御召の着物に母自慢のカシミヤの緋色の袴をはいて、当時ではモダーンであったおかっぱに大きいリボンをつけ姉に連れられて始めて松田道校長先生に紹介された時の希望に胸膨れる思いの少女時代、先生が「可愛いい妹さんですね。お姉さまのようにしっかり勉強して下さい」とにこにこ激励して下さった時のうれしさ、私には少しもこわくなかったやさしいデントン先生。まだ小学生の頃姉に連れられてデントン先生を御伺いした時大きな手で（当時の私にはそう感じられたのであるが）チョコレートをぐっとつかんで、私の両手ににこにこして入れて下さった時のはにかみ、家政科一年の時信原先生の御命令で二、三人の友と難しいマクベス夫人の劇を英語で無事にし終えた時、最後方で見て居られたデントン先生がいつも御鼻をおかみになるハンカチを片手に真先に拍手なさり、先生の傍に居た私のクラスの人達にも拍手するようにやいやいと催促されたとか、あとでお友達が先生の動作を真似て「おディヤさんはやっぱりちがうなあ」と言われて恥しいような然し少々得意であった自分。三年の頃デントン先生の英語の聖書のお講義が終ってもなかなか立たれないで、苦しそうにして居られるのに、教室をどやどやと出ようとしていたクラスの人達の最後から入口を出かけた私がふと気づき、先生のお傍にもどつて御伺いすると、持病の神経通で足が痛まれるとの事に、早速私の肩に先生の腕を廻し背負うようにお抱きして家政館の二階講義室から階段を静かに注意しながら、お降ろしして校庭に降り立った時、先生はとても喜ばれて、何度もサンキューを繰り返しながら、ふと私の左頬にキッスなさった時の驚きとはにかみで顔が真赤になった自分、それを遠くから見つけてキヤーキヤーはやしたてるクラスメート、でも勇気を出して先生のお部屋までそろそろ御送りしたので体操の時間に遅刻した事、しとやかな絹笠先生と登校時には殆んど日々御一緒になり、先生のつつましやかないろいろの御話を伺いながら加茂川の堤を歩いた事、松田先生の力強い毎朝の御説教、時々女学校の礼拝に来られ又は日曜日の同志社教会の礼拝に於ける魂を奮い立たせるような迫力があり、魅力のある海老名総長の御説教、白い頭髪、髭、〇、に包まれたやさしい尊厳のある御顔が浮ぶ。「〇難は鞭撻を生じ、鞭撻は希望を生ず」と壇上で獅子吼なさる先生の御声、やさしい手が私を招いて励まして下さつてるようだ。この様な記憶が数々の学窓の想出の内にも何故かはつきりと脳裏に浮んでは消えた。「元気を御出しなさい、悩める兄弟の為に」どこからか私を力づけてくれるようだ。

「おお」はつとして私はとめどなく流れる涙を拂いのけるようにぬぐった。そしてがばと手をつき上半身をかがめると四人のいとし児の頬にキッスした。汗ばんだ小さな寝顔を夫々ぢっとみつめながら、新しいハンカチでふいてやり、自分もルュックサックを開いて新しいブラウスと着換えた。ぷんと愛用の香水の匂ひが淋しく鼻をつく。そして周囲の汗とガスの臭で濁った空気をちょっぴり新鮮にした様な気がする。窓外に目を配ると昼のように明るい月光が満ち満ちて居る。四人の愛児も熟睡している。何を夢見てか乳呑子の千香子がにっこりした。この夜更も又祈りの場所を求め、月の光に誘われてそっと教室を出て校庭に出て見た。遠く学校の周囲に張りめぐらされた鉄條網が木の間がくれに所々キラキラと冷く月光を反射している。木造の校舎のすぐ傍に忠魂碑が、行儀よく植込まれた樹々に囲まれて寂々として建っている。其前の手頃な庭石に腰掛けると私は何とはなしに空を仰ぎ見た。月は煌煌として輝き、宝石を散りばめたような星の群が清く澄んだ空に瞬いている。この下で悲惨な戦争があったとはどうしても信じられない。ぢつと佇んで居ると、私の一番好きなベートーヴェンのピアノ奏鳴曲、ムーンライトソナタのリズムが一節のまちがいもなく脳裏に奏でられ恍惚としたが、夏とはいえ冷い大陸の夜気に思わず身ぶるいしながら暗惨として捕虜生活の現実に想い到る時、ただ祈りを以て神のみ赦しとみ救いをひたすらに乞い願った。我が為すべき道を示し給えといつまでもいつまでも涙ながらに祈り続けるのであった。

暁の兆の見える頃全身夜気で冷くなった私の身体の内に、ほのぼのと暖かく、だんだんと熱を帯びたものが感じられた。それは「元気をお出しなさい。周囲を見て御覧なさい。哀れな人々の為に奉仕するんですよ」と言う神よりの御答が私の夜毎の又この徹夜の祈りに与えられたと感じたからである。

身も心も軽々と教室にもどると昼間の喧騒に変ってあちこち健康そうな或は寝苦しそうな鼾をかいて深い眠りに落ちている人々もあつた。愛児はすやすやと未だ熟睡している。いつもなら吐気を催させるガスに汚れた汗鼻い教室内の空気もなんとなく我慢が出来た。私の席の隣りは長男が亡ったので愛児の中で最年長の次男と同じ小学二年生になったばかりの御嬢様を頭に六、四、二才の坊ちゃん、六十近い実母と共に居られた建大の教授夫人であったが、あまりの蒸し暑さに寝つかれなかつたのか私が校庭に出る時はよく寝ついて居られたのに、目を覚して淋しく物思いに沈んで居られた。彼女の夫は出征された侭行先が不明なのである。「もう戦死したのでせうか」と時々私に質問されるので、いつも私は彼女を慰めた。私は彼女の隣りの席に元気に、にこにこと坐ると、ぽんと彼女の肩を軽く叩いて、「ねえ、奥様私とても不思議な夢を見たのよ」「そう」と彼女はものうく答えた。其様子は不安と悔みに打ちひしがれた人の暗さに満ちていた。私は尚更ににこにこして「ねぇ、夢の御話してあげませうか」彼女の顔を覗き込むと、遂に私の明るい様子につり込まれてか彼女もにつこりしながら「ええ何卒」と然し弱々しく答えた。「あのねスケートリンクがあるの、何処のだかわからないわ。とても広々していたわ。其周囲を大勢のロシヤ人、中国人、朝鮮人、蒙古人等がわいわい騒いでいるの。急に其人達が拍手喝采して「来了来了」「ドラスチェ（今日は）」など口々に言ってるかと思うと突然私の主人がスケート靴はいてにこにこすべって来るのよ。そして何か一生懸命さがしてるようなの。私思わずパパと呼ぶと、私の方へまっしぐらにすべって来たわ。するとどうでせう大勢の人達が萬○のような拍手を私達に送るの。其様子が心から私達の再会を祝福してくれてるようなの。主人はリンクで一緒にダンスして見せてやりませう、皆も喜んで見物に来てくれて居るからと言うんですの。私ふと自分を見ると捕虜生活のままのズボンにブラウス、スケート靴もはいてない姿でせう、だからこんな服装で恥しいと言って主人が何辺もすすめるのに断ったのよ。すると主人は大勢の人が待ってくれてるから、では自分一人だけでもと言って、いつもなら私よりずっと下手なのに、まるで素晴らしいスケーティング振りでせう、私も始めは呆気にとられていたんですけど大勢の人が天好（すばらしい）とかオーチンハラショ（大変好い）とか叫んで拍手喝采するものだから、まあいつの間に上手になったのでせうと自分も拍手してる内に、だんだん主人が手を振りながら遠のいてしまうのよ。私ははっとびつくりして「まあパパ私を救いに来て下さつたのに一人で行っておしまいになってはいや、早く連れて行って下さい」と追いかけようとしても、どうしても足が地にくっついてしまって歩けないの。パパパパと呼んで居るうちに目が覚めたのよ。ホホホホ」すると彼女も始めて朗らかに打ち興じ「まあ、御馳走様、日頃御仲がいいことね」と笑った。「私ね、きっと主人が救い出してくれると思うわ。だって主人は、今まで多くの危険にさらされた人々の命を勇敢に身を以て救い出したんですもの、自分の愛する妻子が救えないなんて事ないわ、」そしてつぶやくように「それに私達今まで神様のみ心により努力し異民族の間にキリストの御教え○あ○○○○○○生き抜いて来たんですもの、きっと神様は正しい者をお見捨てにならないわ、ねぇきっと来るわ、そして私達を救い出してくれますよ」と力強く言い切ったので、夫人も半信半疑ながら「首を長くして御主人様がいらっしゃるのをお待ちしますわ」と少し明るい顔付になった。

少数の男性に引率され新京を離れる最後の殆んど婦女子の疎開列車は

戦前なら急行列車で四時間余であるのにソ連の飛行機の射撃を避けながら迂回して、時々敵機来るの報に停車して煙膜をはり列車の蔭にしばらく隠れたり等の道中に丸二日もかかってやっと安東に辿り着いたのであった。安東には素晴らしいホテルのような設備のある防空壕があって私達がここで暫らく日本軍大勝の日まで戦雲を避けるのであると聞かされていたが安東に着いて見てそれは日本軍の欺瞞かデマであることが判明した。先に続々避難して来た人々で安東には私達が寝る建物が勿論のこと民家さえなかった。私達の疎開列車は又のろのろと国境を越えて朝鮮の宜（ママ）川と言う所で停車し粗朴な朝鮮人の巡査に迎えられて夫々割当てられた建物に少しでも日本に近いと喜び合いながら落ちついた。建大の家族達は南教会と言う立派な美しい建物のキリスト教会の二階に落ちついたのである。この町は3分の2までクリスチャンの人々であるとの事、丁度京都を小さくしたような盆地の川の水の美しい静かな町であった。

宜（ママ）川の教会に落ちついて間もなく終戦の報と共に天皇陛下が恐れ多くも御自害遊ばされた全員起立の厳粛な雰囲気の内に知らされた。一瞬悲痛な啜泣の声が部屋中に満ちた。然し十分と経たない内に天皇陛下御自害の件は首相のまちがいであったと伝えられ、未だ起立の侭の姿勢をくずさず悲嘆に打沈んでいた一同は泣き笑いに変りざわめいた。然し敗戦と言う嘗て経験した事のない冷い現実にとまどった。

しばらくして戦後成立した朝鮮の保安隊と称する警察隊はだんだんいろんな規則を設けて私達を圧迫して来た。そして遂に捕虜として教会を去り元日本人と少数朝鮮人の子供の小学校であったところへ他の多くの団体と共に軟禁されたのである。この小学校は相当広々として大きく中央の小高い丘には三階建の鉄筋コンクリート造りの広い校舎、その左側に木造の日本の田舎にあるような旧校舎、右手には立派な繁みに囲まれた御真影奉安庫、是等の建物はすべて小高い丘にあるが立派な広い石段で昇降出来るようになって居り、建物の下がこれ又広々とした運動場である。この広々とした敷地の周囲は植込に囲まれ私達捕虜の為に新らしく鉄條網が張りめぐらされてあった。前面の校門のみ開かれて武装の数名の保安隊が昼夜交替で屯し、別に二名宛武装した保安隊員が一時間交替で鉄條網の周囲を絶えず巡廻し私達を監視すると共に暴徒より守護するとの事であった。然し広々とした運動場を下に見ながら其処へは散歩する事さえ禁止されていたので、狭い木造の旧校舎の一教室の床に毛布を敷いたきり大人と子供とまぜて百余名も収容された不衛生な起居にどんどん病人が増えて行った。中国人のみがしらみを持つと思っていた私は、ぼつぼつしらみをわかす人が出て来たのには全く呆然とした。退治しなければいけない、そこで私は掃除当番を定めて毎日お掃除すること、お天気の日には毛布を日光にさらす事、不要になった布片を集め合つて雑布を作る事等々皆と相談し翌日より早速実行に移した。そして今までただ眠り、目覚め、愚痴をこぼし、食べるだけのみじめな生活より脱するよう激励した。

私自身何かと不自由な不衛生になりがちの捕虜生活に少しでも〇〇的な動作が出来るようにと男性のように短く髪の毛を刈り込んだ。日本人捕虜と書いた白い腕章をつけて皆の食糧買出し当番にあたって外出した際に朝鮮人の理髪屋さんで断髪したのであつた。調理当番は一人当りいくらと集金しては安価で美味しい栄養料理に苦心したので建大の家族中には疎開前より病人であった者を除いては、一人も病気に罹らなかった。大成功である。他の団体では栄養失調、特に兵隊に殆〇〇〇〇一切の家財を軍隊にのみある特別の食糧〇〇〇疎開している軍人家族は食べ過ぎの結果赤痢患者が続出して十才以下の子供は毎日何人も天に召されて行った。大人の死亡率も増した。遂に朝鮮側では日本人の為に棺桶がなくなり死体を焼く為に薮がなくなるからとの理由で葬式に関する諸用を断って来たので、其後の死者はこもに丁重に包み朝鮮では石山が多いのでなる可く柔かそうなところを何時間もかかって、それでもやっと五六寸しか掘れなかったそうであるが、埋める事も出来ず其中へ放置した様な有様であった。赤痢患者続出の為便所は非常に汚れ壁までも下痢便で赤くなった。朝鮮人の便所汲取人は遂に来なくなった。私達は渋面を作る他の団体にも呼び掛けて毎朝毎夕便所掃除の当番を各団体より順次に編成して不慣れな手付で一杯になれば汲み取っては裏庭に穴を掘り埋めた。そして清潔を保つように注意し保安隊より配給の石灰を散布した。建大家族ではよく協力した御蔭で一人の赤痢患者もなく以前より腎臓の悪かった女の子とひどい小児結核の幼児が天に召されただけで一人の落伍者も無い。

赤痢患者を続出させるばかりで便所掃除を好まない団体の婦人を激励しながら私達の必死の努力にも拘らず、遂に保安隊より便所使用禁止が厳命された。「日本人は清潔好きかと思ったら案外不清潔である」と言う保安隊の皮肉な言い分に私達は口惜しかったが協力しないで汚すばかりの他の団体の婦人達に思い至る時、無理からぬ事とあきらめた。裏庭にいくつもの穴が掘られ部厚い板が二枚縦に◯◯◯に置かれ、むしろで一寸かこいをしただけの便所である。一杯になれば埋めて他の場所に又作る。掃除のわずらわしさもない代りに幼い子供達には落ちこまないように注意しなければならない様な危険な代物である。

宜（ママ）川は丁度ロシア軍が満州へ或は朝鮮へと進駐する途上の足溜りであった。つまり任務交替で満州へ行く者は此土地で一泊して出発するし、朝鮮の任地へ向う者も此土地で一泊して出発するのである。この様に川の流れのように移動する部隊の将兵は通り魔の様に此土地を物質的にも肉体的にも荒して行くので、朝鮮の中流以上の良家の家族は殆んど南鮮へ避難し去ったが、逃げおくれた良家の子女又は庶民の婦女子に対する被害が絶間なかった。却って捕虜の私達の方が安全で深夜朝鮮の若い娘さんの悲鳴を度々遠くに聞く度に私達は人事ならず案じ憤慨し合った。こんな状態に困り果てた保安隊が遂に捕虜の私達に目をつけロシア将兵の接待婦として日本婦人を出そうと考えたのであろう、隊長がやって来て各団体の引率者に交渉したのに対し建大を除く他の団体の引率者は唯唯諾諾として申込に応じた。建大の引率者はさすがに良心があったので此の申込を私達に相談したのであったが、勿論私達が激しく拒否したので此の事を洩れ聞いた他の団体の婦人達も非常に怒り、若い娘さんたちは尼様のように剃髪、断髪した婦人等続出し、三々五々連れ立って十数名の婦人が南方へ逃亡をくわだてたが、保安隊の為に皆射殺されたとの事であった。

此事件で私達は先ず逃亡は非常に危険である事がわかったが、引率者側も案外私達の意気の強固さにたじたじとなって、毎夜交渉に来て催促し遂には哀訴するように催促する隊長との板挟みになって四苦八苦の態であった。毎夜子供達の寝静まるのを待って開く引率者と婦人達との討議は堂々巡りをするばかりで、結論が得られない。このような陰気で不愉快な討論が十数夜も続いたが、今夜も校門のところに数名の武装した保安隊員と一時間交替で四、五名宛鉄條網の外側をぐるぐると巡回する武装の隊員に守られてはいるが—細々と自活している満州の各地より命からがらににげのびて来た日本兵の他は新京方面より各団体、二三名宛の男子引率者によりそかいの婦女子ばかりの処へその交渉にやって〇〇〇〇のはずるい彼等にとっては当然の事であった。各団体の引率者はイイダクダクとしてこれを承諾したが只私達建大家族の引率者のみは―数学教授と退役軍人老事務員であったが―この事情を私達夫人たちに告げ了解と承諾を哀願するのであった。これに就ての討議が引率者側と夫人達の間に盛んに行われ何らかの打開策を切望する夫人達の舌鋒に度々引率者側と相変わらず隊長と引率者同志の打合せも日々行われた模様で建大引率者と夫人達も十日余もこの事の是非に就て毎晩子供達の寝しずまるのを待って討論がなされた。他の団体の婦人達は各々の引率者よりこの事を聞いていなかった為に私達より洩れ聞いて〇〇〇〇〇若い娘さんなどは尼さんの様に黒髪をそった。

〇〇〇〇〇子供の為に犠牲になってほしいとか、道を歩いていたら〇〇〇落ちてけがしたような天災とあきらめてほしいとか、いろいろな甘言を以て私達を承諾させようと試みた。

こんな討論が十数回も毎夜子供達が寝静まってから引率者と円陣に対座して行われた。私達の頑とした舌鋒に他団体の引率者側は不遜にも「自分たちは建大を日本人としてとりあつかわない。今後食料其他一切の購入も禁止されるだろう、餓死するがよいと私達の引率者を通じて言って来た。そこで大円陣を作っての討論が始まり引率者はいつものように甘言を以って必死に私達を説き伏せようとした。又、いつ〇〇〇と〇〇〇〇〇討論に〇〇〇一人一人の意見を順々に言うこととなり、これにはさすがの貞節な夫人達も刀折れ矢つき〇〇〇〇〇〇な面様でただ泣くもの、子供を餓死させられる位ならと泣きながらにぎせいになろうと言うもの、私一人だけがぎせいになろうと言うもの、次私の番だ。乳呑児の千香ちゃんのおむつを変えながら私の頭は言いようのない怒りで爆発しそうであった。脳裏を不倫、餓死、不倫、餓死と二つの言葉が重なってかっかっと顔がほてる、唇がふるえる。私の発言の番だ。「貴方はそれでも人間ですか。断って下さい。最初に隊長より御話のあった時即座に何故お断りなさらなかったのです。毎晩こんなつまらない事に討論をするひまはありません。貴方が真の日本人なら祖国の為戦場に出た方々の家族を唯唯諾諾として不倫な道におとし入れない筈です。貴方がよう御断りになれないのなら私が全ての婦人を代表して断ります。日本が亡びたからとよくおっしゃいますが成程戦いにはやぶれました。然し日本と言う島国は海の底に沈んだわけではありません。私達が子供達を日本に無事連れ帰り、日本再建の道しるべとなってやらねばなりません。ロシヤの将兵も彼等の祖国には愛する妻子もある事でせう。私達が承諾すれば彼等にも不倫を敢て行わしめる事になります。当番で各団体より接待させるとの事ですが、一人でも承諾させれば当番も何もなくなり被害は増大するでせう。特に私達は良家の主婦や子女ばかりです。道理を話して断って下さい。

奥様方も餓死が何故こわいのです。辱められて日本婦人の名を汚すよりも餓死して名を歴史に永久に残そうではありませんか。何率餓死して下さい」と遂には涙ながらのかん高い声に夫人達の間にはしばし寂として声もない未だ順番がこなかった私の隣の夫人がつと立って「私も同感で御座居ます」それから最後に残った引率者二人の内の老事務員の夫人も「私も同感です」と答えたのに和するように私も私もと同感のざわめきに私はうれしさのあまり思わずにこりと妙にひきつれるような泣き笑いの顔になった。先程からぢっと赤くなり青くなり私の鋭い舌鋒に聞き入っていた引率の数学教授もややかすれた声で「わかりました。努力して見ます」

（……………………ここで文章は途切れている）

参考文献

『流れる星は生きている』藤原てい　日比谷出版社　一九四九年
『流れる星は生きている　愛は死を越えて』藤原てい　青春出版社　一九七一年
『ほろびた国の旅』三木卓　講談社　一九七三年
『満州建国物語　辺境から見た協和党・県参事官史』石田達系雄　大湊書房　一九七八年
『実録　満州国県参事官―大アジア主義実践の使徒―』藤川宥二　大湊書房　一九八一年
『旅路　自伝小説』より「第三章　放浪生活「眠れない夜が続く」」藤原

てい　読売新聞社　一九八一年
『もうひとつの満州』澤地久枝　文藝春秋　一九八六年
『異邦日記　辺境から見た旧満州県参事官史』石田達系雄　石田武夫先生に学ぶ会　一九八七年
『香川県史　第3巻』香川県編　香川県　一九八九年
『従軍慰安婦』吉見義明　岩波書店　一九九五年
『裸足と貝殻』三木卓　集英社　一九九九年
『人生の目的』五木寛之　幻冬舎　二〇〇〇年
『図説・慶應義塾百年小史　1858―1958』（復刻版）慶應義塾創立150年写真集編纂委員会編　慶應義塾大学出版会　二〇〇八年
『近代日本社会と公娼制度―民衆史と国際関係史の視点から―』小野沢あかね　吉川弘文館　二〇一〇年
『満州難民』井上卓弥　幻冬舎　二〇一五年
『光の人』今井彰　文藝春秋　二〇一八年

『ｗａｍカタログ14　日本人「慰安婦」の沈黙　国家に管理された性』アクティブ・ミュージアム「女たちの戦争と平和資料館」編　二〇一八年
『告白　岐阜・黒川満蒙開拓団73年の記録』川恵実・ＮＨＫ　ＥＴＶ特集取材班　かもがわ出版　二〇二〇年
ドキュメント「抗日学生にも慕われた満洲建国大学教授」本田靖春文『新潮45＋』１４２～１４８ページ、45＋人物クローズアップ掲載
「日本軍慰安所マップ」女たちの戦争と平和資料館編集・発行　二〇一九年
その他、日本の近現代史、朝鮮近現代史

著者プロフィール

荒島 千香子（あらしま ちかこ）

1944年 新京（現在の長春）生まれ
1966年 華頂短期大学保育科卒業
幼稚園教諭を経て三女の母となる
1994年 大阪市立大学法学部卒業
2017年 本書執筆にとりかかる。

遺稿 満洲引き揚げの小記録

2023年9月15日 初版第1刷発行

著 者 荒島 千香子
発行者 瓜谷 綱延
発行所 株式会社文芸社
〒160-0022 東京都新宿区新宿1－10－1
電話 03-5369-3060（代表）
03-5369-2299（販売）

印 刷 株式会社文芸社
製本所 株式会社MOTOMURA

ISBN978-4-286-24509-6